作光作盐

Derek Prince
叶光明 著

叶光明事工团队

作光作盐
Living as Salt and Light

叶光明国际事工版权 © 2018
叶光明事工亚太地区出版
PO Box 2029, Christchurch, New Zealand 8140
admin@dpm.co.nz
叶光明事工出版
版权所有

DPM45

ISBN: 978-1-78263-656-4

目录　Contents

引　言　我们能改变国家事件的轨道　　　　　　　／5

第一部　我们在这世界的位份、特权、责任

第一章　山上的城—唯一的光　　　　　　／8
第二章　世上的盐　　　　　　　　　　　／14
第三章　我们的摔跤比赛　　　　　　　　／24
第四章　我们争战的敌人　　　　　　　　／30
第五章　采取主动　　　　　　　　　　　／39

第二部　基督已经得胜

第六章　魔鬼最怕你知道的秘密　　　　　／48
第七章　收复家族企业　　　　　　　　　／62
第八章　重返经营　　　　　　　　　　　／68

第三部　祷告与禁食的大能

第九章　拿起我们的武器　　　　　　　　／82
第十章　超级发电厂　　　　　　　　　　／88
第十一章　正确的关系　　　　　　　　　／94
第十二章　祷告—万事之首　　　　　　　／104
第十三章　因为我们祷告　　　　　　　　／116

第十四章　坚持到底 　　　　　　　／141

第十五章　"大量恢复"的武器 　　／150

第十六章　改变历史的人 　　　　　／158

第十七章　是这时候，不是如果 　　／171

第四部　宝血与神话语的权柄

第十八章　我们见证的力量 　　　　／192

第十九章　证词与赞美的力量 　　　／200

第二十章　我们见证的话语 　　　　／213

第廿一章　靠着宝血得胜 　　　　　／221

第廿二章　冲破难关 　　　　　　　／236

关于作者 　　　　　　　　　　　　／250

引 言
我们能改变国家事件的轨道

在本书中我们会检视我们所住的国家，及身为基督徒的责任。我相信神就这项义务对我们说的话，清楚透露基督徒对自己的社会、国家是有责任的。很不幸的，大多数基督徒甚至还没想到这项责任。

世界上很多国家正面对他们有史以来最大的危机，你的国家可能正是其中之一，如果在这样的景况当中，我们基督徒对自己国家的需要，没有做出任何正面的影响，那真是悲哀。果真如此，我相信我们令神失望。

因着这样的想法，我将探讨的主题是身为基督徒在自己国家的策略位置—包括我们的特权与责任，我想尽可能用最有用的方法说明这项主题，所以本书所提供的教导是尽可能的实际。

我曾听过一位演讲者的主题是：今日美国严峻的状况，他花了四分之三的篇幅告诉听众这情况多么糟糕，而且是每况愈下。若这讯息是真实的，当然不是好消息（请容我说福音是好消息，福音不是负面的，是正面的。耶稣基督从来不会遇到一种状况：就是他必须坐下，交叉手说：抱歉，没任何办法。）在讯息的最后，这位讲员只花了一点时间来分享他的信仰：就是所需要的是圣灵的更新。我相信我对他的评论是公正的。我真不敢相信他只用一句话就告诉我们如何能得到圣灵的更新。

我在这本书的目标是指出我们能做的一基督徒在我们里面有什么力量一来改变国家事件的轨道，使其更好。我深信我们的国家需要改变，也能被改变。我也相信我们正是，也必须是这群带来改变的人。我的目标是从神的话来告诉你，我们如何能做到。

第 一 部

我们在这世界的
位份、特权、责任

第 一 章

山上的城—唯一的光

举世基督徒都认同：登山宝训是耶稣给所有信徒立下衡量信心与生命的标准，这不是给那些领袖如教师、使徒、先知、传福音或牧师的特别讯息，在此段经文中，耶稣显明神的旨意或神的标准，可说是应用到每位忠实信徒的身上，此经文亦即众所熟知的登山宝训是在马太福音五～七章。

我在以下三章中会阐述。以耶稣在马太福音五章13-14节作为内文的开启：

> 你们是世上的盐。盐若失了味，怎能叫它再咸呢？以
> 后无用，不过丢在外面，被人践踏了。你们是世上的

光。城造在山上是不能隐藏的。

耶稣告诉所有的基督徒三个关乎我们自己非常重要的事实：我们是这地上的盐，是世界的光，是造在山上不能隐藏的城。我想花点时间说明这三项陈述里一些显而易见的涵义，作为我主题的引言。本书的第一章涵盖山上的城、世上的光两项陈述，第二章则会讨论世上的盐。

山上的城

首先，我们是"山上的城（且）不能隐藏"（马太福音五：13），因我们每人都公开宣告相信耶稣基督是主—救世主，这是事实，当公开宣告之际，我们就成了那个在山上的城，是不能隐藏，是极为明显：从每个方向都有人盯着，无论何时，无论是在学校、工厂或在办公室。这些眼睛会看着你，看你的基督信仰是否是真的？那些看着你的人会问自己什么呢？你的信仰是真的吗？你真的相信自己所宣告的吗？你有活出你的信仰吗？

人们会从你生命的每一方面来分析—你的家庭、工作、社交活动等等，他们也会观察你所参加的教会，是否有见证，通常的状况是他们借着所看见的你，形成他们对基督信仰的观感，你就是那个在山上的城。

坦白告诉你，当我是个年轻人时，我观察英国圣公会得到的结论就是：基督信仰是失败的，看着那些身边的人，我认为他们并不真的相信他们宣称自己所信的。

所以你必须了解：当你宣告信仰耶稣基督之际，你就成为显而易见，你不能避免掉这项事实。如果你不想成为这明显易见的、不想被注意、被评论分析，那么你就不要宣告你相信耶稣基督。一旦你宣告相信之后，处境就是如此一人们会开始观察你，从此你就是山上的城，是不能隐藏的。

世上的光

其次，耶稣说："你们是世上的光。城造在山上是不能隐藏的。"（马太福音五：14）。我人生中在不同的时间、地点担任过英文教师，算是非常了解英文。当经文说："你们是世上的光"意思就是说我们就是"这"光，换句话说，没有其它的光了。英文的"the"（译注：这，定冠词）用在这里表示唯一，我们是唯一的光，这世界没有其它的光了。

耶稣宣告："我在世上的时候，是世上的光。"（约翰福音九：5）但他现在并没有实际肉身与我们同在这世上，因此我们就是他的代表，站在他的位子代替他，我们就是世上的光。假如我们不能发光，那世界就没有可以寻求或朝向的光源了，这表示世界是完全倚靠基督徒才有光。

旧约中有个简单的例子告诉我们：身为世上的光是多么了

不起的事。神命令摩西在会幕里分为两个区块：第一部分是圣所，第二部分是至圣所。圣所中只有三项对象，其中一项是金香坛，紧贴于第二层幔子，也正是通往至圣所的走道上，没人可以到至圣所，除非是从祭坛上拿着盛满香的香炉。

圣所的另两件物品分别是左手边的七个灯台，右手边在灯台的正对面是陈设饼与桌子，希伯来书的作者告诉我们这些对象是象征性的，它们包含着耶稣基督对教会的讯息（见希伯来书九章）。

> *假如我们不能发光，那世界就没有可以寻求或朝向的光源了。*

首先让我们来看灯台对我们说什么：在经文中灯台总是代表教会，它有七个，代表由圣灵而生的教会的七重特质（同样的七重讯息代表亚洲的七间教会，参见启示录二～三章）。

我们若是把灯台当作我们今日认为的一让蜡烛站稳的某种台子，就错了。在会幕里的蜡烛其实是个装满油的灯盏，有管道注油进去，小小的灯芯浸在油当中，点燃灯芯就有光了：就是点燃油中的灯芯。除非灯盏中有油，而且除非油被点燃，否则灯台就没有光。在圣所里灯芯的火就是唯一的光源，如果灯芯没有火，就是完全的黑暗。

你知道这对教会而言是多么真实吗？教会也是如此，我们

是唯一的光，没有其它的光了。我们就是七个灯台，只有当我们充满了油，且在我们里面的油被点燃，我们才会发光。

经文中的油总是象征圣灵的一种形式，这些象征意涵告诉我们：当教会被圣灵充满，且被神所点燃，教会才能发光。灯台本身既没有油，又没有火，是不可能产生光。思考到这点，让我们想到施洗约翰谈到耶稣时说："他要用圣灵与火给你们施洗。"（马太福音三：11；路加福音三：16）

成为光的主要目的

灯台的功能是把光投射在正对面的对象，也就是桌上的陈设饼，而陈设饼当然就是代表耶稣基督。他说：

我就是生命的粮。……我是从天上降下来生命的粮；
人若吃这粮，就必永远活着。我所要赐的粮就是我的
肉，为世人之生命所赐的。（约翰福音六：48、51）

整个灯台的目的就是做一件事且只做一件事：照亮桌上的陈设饼。这也正是耶稣基督教会所要做的，我们活在世上有一个目的且只有一个目的：就是把光照在耶稣一生命的粮上面，只有当我们被圣灵充满且被神点燃，才办得到。

在这里我们看到教会的不凡：除了灯台，圣所里没有任何

光源；除了教会，这世界没有光。就像灯台只有在充满油且油被点燃才会发光，教会亦是如此，只有充满圣灵且被神点燃才能发光。灯台只有对着一个对象投射光—桌上的陈设饼，教会只有一个对象来投射光，就是耶稣基督。

你我身为基督徒存在这世上的唯一理由，就是投射光到耶稣基督—生命的粮。这是我们在这世上的主要目的，除此以外我们做的每件事都是其次。我们是这世上的光。

第 二 章

世上的盐

我们在前一章谈到耶稣对教会的描述：就是记载在马太福音五章13-14节为人所熟知的登山宝训。我们是"山上的城"。全世界都在看，我们也就是"这光"—唯一的光—在这垂死的世界中照亮陈设饼—基督。

本章焦点放在第三条规则：我们是这"世上的盐"，同样的"这"（the）字表示唯一，它指的是地球上没有其它的盐—我们是这地上唯一可用的盐。有好些不同方式可叙述盐的特性，我非科学家，就以非常谦卑的态度来继续我的说明，请容我指出关于盐的几项特性：

14

盐提供味道

盐的一项伟大的功用就是：在无盐就乏味的状况提供味道，约伯记六章6节记录着约伯说："物淡而无盐岂可吃吗？蛋清有什么滋味呢？"这问题的答案是"不，无用"，这就是也许你跟我一样，吃蛋白时会洒些盐，使其有味道的原因了。

同样的，基督徒就是世上的盐，从神的眼光来看，我们在这里是给世上一些味道，因我们生存在世上，所以神仍对世界有恩典与怜悯。我们是使神仍可接受这世界的唯一因素，是使他缩手仍不施行最后审判与义怒的唯一理由，在此拒绝基督的世界，只要我们仍在这世上，我们的责任就是因我们的生命得以向神举荐这世界。

就为了十粒盐

创世记十八章我们读到神到所多玛的途中停留在亚伯拉罕家，神告诉亚伯拉罕他的计划—审判那城市。亚伯拉罕对神告诉他的事非常忧心：因他的侄子罗得及其家族都住在所多玛。因此亚伯拉罕与神一起走，斗胆请求他饶恕那个邪恶之城，他甚至与神就数字来"讨价还价"（容我大胆这么说）。他说："假若那城里有五十个义人，你可以饶了那城市吗？"神说可以。

亚伯拉罕说："假若有四十个义人，你可以饶了那城市吗？"神说可以。

亚伯拉罕说："假若有三十个义人，你可以饶了那城市吗？"神说可以。

亚伯拉罕说："假若有二十个义人，你可以饶了那城市吗？"神说可以。

亚伯拉罕说："求主不要动怒，我再问这一次，假若在那里有十个义人呢？你可以为这十个的缘故，存留那城吗？"神说可以。悲哀的是神竟无法在所多玛城中找到十位义人。

每当我读这故事时总禁不住这么想：亚伯拉罕是否已先心算一遍？他是否对自己说："我侄子与他妻子、他尚未出嫁的女儿们、他已经结婚的女儿……在这些人当中，他们一定能凑足

> 我们的责任就是因我们的生命得以向神举荐这世界。

十位义人吧！"若是罗得有好好尽责，他们可能就足够凑成这数字，但罗得是令神失望的信徒。哎！虽然他也是信徒，他从亚伯拉罕听闻所有的启示，却没有住在启示的光中。

当听到罗得的故事时，总有个深刻的思想触动我心，如果你是家长的话，特别想与你分享：当我想到罗得对自己责任全然无知的可怕状况，我不禁自问："是谁把整个家带到所多玛？"当然，答案就是罗得。他带他们进入，但他无法把他们

都带出来，仅有他与两个女儿逃出来一甚至他的妻子终究也无法逃出。当她不听上帝的指示，回头看这城市，就变成一根盐柱。

同样的，若你是家长，把自己的孩子及家族带到一个景况，却无法把他们带出来一你要为此负责的，这真是最伤痛的悲哀。我无法想象罗得的感受，当他看到烽烟四起的所多玛，且知道他已婚的女儿与女婿们都毁灭了，更不消说他们所生的孩子，也就是罗得的孙辈。而我也在想，当他看着变成盐柱的妻子时，对自己说道：是我带他们到那里的。

你真知道你可以带领人们到某种景况，但却无法将他们领出来吗？我听到人们作以下的陈述："嗯，这教会并没有宣讲神的话语，我们是因孩子的缘故留下来。"我对这种态度的响应是："所以对你不够好的事，对你的孩子却够好吗？"

亲爱的朋友，你需要更认真留心你的孩子，不要以为孩子会被次级品蒙混过去一他们不会的。今天的年轻人是很审慎并知所分别，他们对事情看得很深，且会衡量这些。你知道他们想要的是什么吗？他们重视诚实与实际。若他们没看到这些他们不会买账的，你无法愚弄他们，所以根本别试着这样做，不要像罗得，因为你会永远遗憾。

我们的存在使得世界不一样

我们从罗得身上得出一个永恒的原则：只要有十个义人，

神会饶恕整个城市，这比例原则迄今适用。十粒盐在整盘中所作到的调味，这对神是可以的。如前所述，我们的功能就是这样：让神可接受这世界，因我们的存在使得世界不一样。神可以因我们，而对世界有不同的处置方式。

每位信徒在神所安置的位置上，应该就是一粒盐。神并未将所有信徒集结起来放在一个地方，这就像一口吃下一餐所该消耗的盐，尝起来会很苦。跟其它信徒一样，你被洒在特定的地方，是要以你这一粒盐调味这世界—无论这地方是你的家庭、学校、工作或其它任何地方。

你可能会说："我在那里觉得孤单。"但你在那里是有特别目的，是使那地有调味，没有你，那地就一点味道也没有。

我是在二次世界大战英国服役时得救，并受圣灵的洗。神并没有将我从军队中带出来说："现在你是基督徒了，这个不属神的氛围及不属神的环境对你不好，所以我会把你所穿这脏污的棕色制服换下，穿上精致的白领子黑西装，我会将你放在一个良善、传道式、学术的气氛中，在那里你能真正受装备成为基督徒。"

你知道神反而对我说什么吗？"在这同样充满咒诅、酒醉、咆哮的兵营，我要向你显示什么是真正的基督徒，我的恩典够你用。"

某人曾与我分享以下美好的想法："神永远不会将你置于他恩典不能保守你的地方。"这项真理经得起一再考验，神永远不会将你置于他恩典不能保守你的地方，无论你在哪里，若是你在神的旨意中，他的恩典够你用。

喔！我因身在军队格外感谢神！在我服役之前，我经历冗长辛苦的教育过程，但我所受教育最有用的部分是在英国军队，那当然不是最令人享受，但却是最有用的（我第一任妻子莉迪雅总是这么说，她很高兴是在我离开军队后才遇见我）。我提到军队经验是有原因的—因我的存在使我所在的单位变得不一样。

在我得救并受圣灵的洗六个月之后，我驻扎在北非沙漠，正是二次大战北非战场的中心，我是在医疗小组服役。有次我们在敌人阵营中被阻断与自己军队分开，而在沙漠中迷路了—这情形是很容易发生的。我们迷路大约廿四小时，不知是否会被俘，或能找到返回安全之地的路。在那景况下，我们的卡车司机，他非常壮硕强悍，是那种成天咒诅、辱骂、亵渎神的人，他走向我并非常诚挚的说道："下士，我真的很高兴你与我们同在。"他敏锐知道我的存在使得我们单位不一样—而且确实如此。我在那特别单位驻防沙漠里两年，这段期间他们从来没有折损一人，自我离开后他们损失许多人。

身为基督徒，我们就像盐粒，我们的存在使所处环境变得不一样，所以在我们当中，不应该有任何一个基督徒让自己在周遭环境中显得可有可无。

在二战末期，我被安排在耶路撒冷橄榄山上一间医院，负责注册登记部门。一位骑旅团下士被派来与我一起工作。大约在我们开始共事的两周左右，不知道什么原因，我从未直接对他说到神，或是宗教方面的话题。有天另一位士兵走过来，这两人就在我面前谈话，这位与我工作的下士开始说些咒骂亵渎的字眼，突然他意识到我在那里，他整个脸涨红起来，转身对我说："对不起，下士，我不知道你在这儿，不然我不会那样讲话。"我从未告诉他我不赞同这些言语，也还没真正对他说过关于神的事，但光是我在那里就使他知错了。

> 我们每一个人被洒在特定的地方，是要以我们这一粒盐调味这世界。

这就是作盐的意义。若你不能影响所在的地方，那就是你有哪里不对劲。如果即使你在那里，人们无论如何都要继续过着他们自己的生活，那么身为基督徒的你，你的生命恐怕有些问题。

盐是强力的防腐剂

盐的另外一个绝佳的特性是：防腐。在冰箱发明之前，当人们出门长途旅行，想要保存肉类，他们就用盐腌。盐有防腐的效果，让肉不容易腐烂。

　　同样的，既然我们是世上的盐，我们在这里就是要抑制腐烂，只要我们在这世上，邪恶的力量一无神、悖逆及其它种种一将完全不得发挥，只有当教会从地上全部被除去，一直运作的邪恶势力才会达到牠的最高点。我们在这里捆绑、抑制腐化力一无论牠们影响我们的哪个层面：道德、社会、政治或其它，因为我们是世上的盐，对抑制这些势力是有责任的。

　　如果我们在这世上，并没有使神对处置这世界的方式不同；也就是若我们的存在并没有抑制腐败，你知道我们变成什么？我们就成了失了味的盐，我们是没有尽责的盐，成为"失味"的盐。

　　想想耶稣是怎么说这些失了味的盐："你们是世上的盐。盐若失了味，怎能叫它再咸呢？以后无用，不过丢在外面，被人践踏了。"（马太福音五：13）讲到"无用"，通常就是对一个人最糟的评价了，"无用"约莫就是最糟的了。而这也就是教会如果没有做好该做的工作，就是"无用"，就只有一种结局："丢在外面，被人践踏了"。

　　我希望你注意到登山宝训中耶稣警告我们：是人的脚践踏无盐的教会。神会使用人来做这事，若思考今日世界所发生的事，你会看到在下面有百万双脚等着要践踏我们，这话并没有夸大。

　　世上成群的敌人认为能践踏我们是种殊荣。若是我们不改变，他们就会这么做。当我们被绊倒时，可没理由抱怨，我们只能说自己活该……神警告过我们。最痛苦的莫过于，事后回想到这事，发现它根本可以不必发生。我们只要悔改，改变我们的生活方式，这根本可以避免。

一个回应的机会

我绝对相信在世上各地都能兴起耶稣基督的教会，并面对这状况，达到神简单、清楚又明确的条件。若我们如此做，就能改变且阻挡这些事件所带来向下沉沦的力量。相反地，如果我们不这么做，就是我们的错，我们会是最先受苦，且受苦最深的。若我们因自己未能达成神的条件而受苦，我们真是罪有应得。

在我继续往下讨论之前，请容我以一简单应用来说明到目前为止所谈的内容，若我所陈述的还未能使你信服，无论如何请勿觉得是被迫响应，但若你相信我以此特别方式所做的详细解释是圣经的教导，我恳请你再读马太福音五章13节

你们是世上的盐。盐若失了味，怎能叫它再咸呢？以后无用，不过丢在外面，被人践踏了。

我希望上述经文对你个人十分切身，以致你现在就能将耶稣的话应用到你的生命。我们知道他是对基督徒说的，而

我们是基督徒，因此当说"你们……"，我希望你改读为"我们"，且当经节中提到"以后无用……"，我希望你读为"我们以后无用……"我相信这样的改变是绝对合乎真理。

在你说完这些，你就是实时且是永远用上述经文响应神，所以若你预备好，现在就试着大声宣告：

我们是世上的盐。盐若失了味，怎能叫它再咸呢？我们以后无用，不过丢在外面，被人践踏了。

第 三 章

我们的摔角比赛

我们现在继续讨论神赋予我们基督徒的位份、特权、责任，在本章我会集中在说明主要的圣经根据：为何在今日世上所有的组织中，只有教会有能力且有果效的改变世界状况，使其变得更好。

征召进入属灵争战

要了解这项真理，让我们来看以弗所书六章12节，我相信所有评论家都同意在此节经文中当保罗说"我们"，他是指所有的基督徒，不是指某特别群组的人，就是一般基督徒：包括你我。他是这么说：

> 因我们并不是与属血气的争战（原文是摔跤），乃是与那些执政的、掌权的、管辖这幽暗世界的，以及天空属灵气的恶魔争战。（以弗所书六：12）

我从十岁起就学希腊文，我想重新排列此节经文的词语，使它忠于原意且使其更生动。

> 因我们不是与血肉之躯摔角，乃是与执政的、管辖的、掌权的或有权柄的，是与现今黑暗势力的世上统治者，是与那些天空或天际里没有法纪的灵。

（继续读下去之前，请重复一次上面的陈述，因它值得一读再读）

首先，身为基督徒，我们就是在一场摔角比赛中，我们没有其它选择。如果我们是基督徒，在争战这件事上没有其它选项。这是必须的，当你成为基督徒就自动加入一场庞大的属灵争战。

我相信保罗从古希腊奥林匹克比赛中引用摔角的画面，是有特别意义的，为什么？因为摔角是最紧张、最贴近、包含所有拉扯挣扎，是要求全人全心的投入，这正是对抗灵界所需要的。它是全面冲突：面对天上看不见的属灵力量，我们灵、魂、体全部都要投入在这激烈的战场。

请注意：我要强调的是一我们不是与人争战，或是与任何血肉之躯打仗，我们不是与工作上的某人，或是某基督徒，或是政敌，甚至也不是国外的某个独裁者，我们的战争不是跟人的个体，我们是与灵界力量、有位格的灵争战，牠们是有位格的一是"没有身体的人"（以弗所书六：12，TLB版本）。

这些灵体存于看不见的领域，是肉眼不可见，然而牠们的领域绝对是真实的一实际上比可见的世界更真实，使徒保罗说："原来我们不是顾念所见的，乃是顾念所不见的；因为所见的是暂时的，所不见的是永远的。"（哥林多后书四：18）我们看得见的事物是过渡时期的、是过客、是短暂的，但在看不见的灵界里，事物是永存的；看得见、暂时的事物会终止，而看不见、灵界的永恒事物则会长存。

> *面对天上看不见的属灵力量，我们灵魂体全部都要投入在这激烈的战场。*

整个世界都在撒旦的影响之下

我们从以弗所书六章12节知道，我们是在庞大的摔角赛中对抗看不见的势力，撒旦从天上的位置控制支配世界事件的走向。这就是圣经约翰壹书五章19节所说的："……全世界都卧在那恶者手下。"

KJV版本译这段为"全世界都躺在恶当中"，但比较精确的翻译是："全世界都趴在那恶者里"，换句话说，全世界都在撒旦或是魔鬼的操控下，牠是世界的主宰，牠与加入牠团队的那些悖逆神的势力，联合成为一个叛乱队，成为现今黑暗世界的统治者。保罗在以弗所书二章带出这项事实，他对基督徒说：

> 你们死在过犯罪恶之中，他叫你们活过来。那时，你们在其中行事为人，随从今世的风俗，顺服空中掌权者的首领，就是现今在悖逆之子心中运行的邪灵。我们从前也都在他们中间，放纵肉体的私欲，随着肉体和心中所喜好的去行，本为可怒之子，和别人一样。（以弗所书二：1-3）

保罗说除非我们来到耶稣面前并且相信他，不然我们与全世界其它未蒙救赎的人一样。我们是在"空中掌权者"—空中的灵或是空中掌权的灵控制下。"空中掌权者"是撒旦其中一项称呼，牠在所有怙恶不悛、不悔改、不顺服的人性中运作，牠主导并掌控人心里与血气的欲望。

> 社会、经济、政治、国际等等状况报导是看不见的灵界势力在后面主宰、操控、指挥所有这些情况。

请注意撒旦掌控悖逆知识分子的手法，正如牠掌控娼妓或酒瘾者是一样的，牠掌控所有看不见的灵界所生发的怙恶不悛、不悔改、不顺服的灵，控制他们的心灵与肉体欲望。撒旦不只称为"空中掌权者"，也被称为"世界的王"（统治者，NKJV版本）。耶稣用这名字称呼牠三次（请见约翰福音十二：31，十四：30，十六：11，KJV版本），牠是"世界的神"，正如使徒保罗在哥林多后书四章4节（KJV版本）描写的。

处理撒旦和牠的势力

撒旦统治黑暗世界里那些看不见的力量，牠分派所掌控无数的邪灵，去对抗神及对抗人类的福祉。身为基督徒，你我均已征召来处理撒旦，以及与牠一起工作的势力。

这属灵争战怎么发生的？首先撒旦在天上悖逆，再借着人在地上的悖逆。人类就成为撒旦的子民与奴仆—不是透过神的法令，乃是因着牠运作人的悖逆。人与撒旦便一起来抗拒神，因此使得自己成为撒旦的掳物。除非我们了解这实际状况，不然无法明白今日世界的真实面貌。

　　所以在看得见的范畴之外，有看不见的领域。我们所熟悉报章杂志每日的社会、经济、政治、国际等等状况报导一是看不见的灵界势力在后面主宰、操控、指挥所有这些情况，这是很清楚明白的，牠们指使所有的事件、邪恶，朝向悖逆神、朝向毁灭，然而插手干涉、改变这状况，是你我的特权、责任。

第 四 章

我们争战的敌人

前一章我们谈到撒旦在幕后的角色，牠主导操控世界上的事件与人类。现在我们要更进一步检视牠的角色，知己知彼百战百胜，除非我们了解敌人，不然就无法有效的与牠作战。

旧约中有项叙述可算是掀起灵界幔子的一角，让我们略窥看不见的灵界力量是如何控制国家的命运。在以西结书廿八章的第一部分介绍两位：第一位是被称为推罗君王（推罗市）（2节），第二位是被称为推罗王（12节）。这两位彼此相关，推罗君王是看得见的人类统治者，但推罗王则是肉眼看不见之撒旦，牠掌控这位看得见的统治者，并透过他控制整个推罗城市及王国。事实上，当分析这些叙述推罗王的经文，发现只有一个有位格的灵是符合这些描述一就是撒旦，在宇宙间没有其它位格是真实符合以西结书廿八章所说的。

我们先来检视关于推罗君王经文说了些什么，然后我们将焦点转到推罗王。请了解这是对于过去情况的历史性预言，但这也是神赐下对未来状况一瞥的机会，这情况是在敌基督操控的世界下，未来必定会发生的。就是紧接着耶稣再来建立他地上的国之前，敌基督会是最后的邪恶大统治者，牠会来操控并统治所有国家。以西结书中对推罗君王与推罗王的描述，可说是经文中对于敌基督及撒旦如何透过牠们统治这世界最清楚的彩排。

请将这些运作模式记在心里，因为在以西结书廿八章有很多可以直接连结到新约中敌基督的预言，我会简短的点出这些。现在来看廿八章，我们读到这些话：

> 人子啊，你对推罗君王说，主耶和华如此说：因你心里高傲，说：我是神；我在海中坐神之位。你虽然居心自比神，也不过是人，并不是神！看哪，你比但以理更有智慧，什么秘事都不能向你隐藏。

（以西结书廿八：2-3）

比但以理更有智慧，那真是非常有智慧。这是很值得注意：因为撒旦能使一般人比但以理更有智慧。经文继续述说：

> 你靠自己的智慧聪明得了金银财宝，收入库中。……
> 在杀你的人面前你还能说"我是神"吗？其实你在杀
> 害你的人手中，不过是人，并不是神。

（以西结书廿八：4、9）

经文说的多么清楚：这人明显的是人类，却宣称自己就是神，与神同等，但他不是神，也不是灵。他是人，是血肉之躯—是必死的人，且将要横死，他将会被刀剑所杀。

现在我们来谈推罗王这掌控人的灵，请留意经文是怎么说牠：

> 人子啊，你为推罗王作起哀歌，说主耶和华如此说：
> 你无所不备，智慧充足，全然美丽。

（以西结书廿八：12）

这彷佛是撒旦坠落前的景象，第13节继续说道："你曾在伊甸（请注意这点），神的园中"。推罗的地上君王从未靠近过神的伊甸花园，伊甸园在写这经文前数世纪就已经封起来。第13节接着描述推罗王所喜爱的各种美丽矿石，请勿想象夏娃是被某种黏滑溜的毒蛇所欺骗，不是的。无论这个体是什么，牠是灿烂华丽—非常美丽优雅，牠是在欺骗亚当与夏娃之后，受咒诅必须用肚子行走，就像蛇一样（请见创世记三：14）。

以西结书廿八章14节说道："你是那受膏遮掩约柜的基路伯。"所以我们知道撒旦原先是何处，牠在坠落之前，牠是遮掩神宝座的基路伯。

我们继续往下读：

我将你安置在神的圣山上；你在发光如火的宝石中间往来。你从受造之日所行的都完全，后来在你中间又察出不义。（以西结书廿八：14-15）

第17节加上："你因美丽心中高傲。"撒旦为何坠落？因以自己美丽为傲。

路西弗：假黎明

我们在以赛亚书十四章读到有关撒旦坠落的另一段启发性的描述，这始于第12节："明亮之星，早晨之子啊，你何竟从天坠落？"

我告诉你一个秘密：我在北非沙漠学到一事，可确认这些经文就是我们得知撒旦的原名—路西弗的意义是"晨星"。我们在沙漠活动时，大概有九个月是没有任何灯光、没有铺好的路，我们就这样吃、住、睡都是在沙粒上。日落而息，日出而作。我在沙漠的晚上发现在一年中的某些季节，有种假黎明出现：就是说晨星是在太阳从地平线上升前一刻出现，它是如此明亮，照亮整个地平线，而且也会发热，真的让人以为太阳正在升起，然而这只是个非一般性的明亮星星。过了一会儿，真的太阳升起，我跟你保证：当真的太阳升起，就完全看不到晨星，因为它在太阳亮丽的光芒中完全被掩盖了。

这正是将会发生在世界中敌基督出现的画面，在真实"公义的日头"（玛拉基书四：2）——耶稣基督正来临前，牠会给人类带来一种假黎明——会兴起一位了不起的统治者，牠说道："我会带来和平、富足与秩序，我会解决你的问题。"牠会就像是这晨星，当牠出现在地平线时是如此明亮，人们会想说这是真的太阳，但是当耶稣基督临到，就再也见不到敌基督了。

---❧---

在真实"公义的日头"正来临前，敌基督者会给人类带来一种假黎明。

---❧---

启示录上耶稣被称为"明亮的晨星"（启示录廿二：16），请了解这里指的是太阳，不是指刚才讲的"晨星"或是路西弗，请区分清楚，这很重要的。路西弗是我们所称的"晨星"，但是耶稣就是太阳本身，是"明亮的晨星"。

悖逆：罪的根

路西弗与神对抗的动机是什么？牠为何坠落？我们已经知道牠是因骄傲而坠落。以赛亚书十四章的两节经文让我们有更多的看见，知道牠为何被驱逐：

你心里曾说：我要升到天上；我要高举我的宝座在神众星以上；我要坐在聚会的山上，在北方的极处。我要升到高云之上；我要与至上者同等。

（以赛亚书十四：13-14）

你注意到在这段有个字句重复五次吗？"我要"。罪的根本——就是"我要"，正是悖逆的"我"与神为敌。

罪就像是棵树：有根、有树干、树枝。大多数的讲道与教会活动仅关注在罪的枝子——像是抽烟、酗酒、脏话、赌博等等的事情，即使是树干，从那里生出罪，但也不是罪的源头，

35

罪的源头是"自我",是"我要",与神对抗,这就是罪的根。

耶稣要受洗去找施洗约翰之前,也就是他早期事奉的初期,约翰告诉当时的宗教领袖"现在斧子已经放在树根上"(马太福音三:10;路加福音三:9),新约是激进的,激进的意思是"直指根本"。把斧头放在树根上,是神对任何时代或是宗派最激进的处理。

耶稣说:"若有人要跟从我,就当舍己。"(马太福音十六:24)这句话描述第一步——把自己的"根"砍断。你无法作个基督徒,除非你能舍己。很简单,舍己就是跟自己说不,老我说"我要",因此你要说:"不,要看基督要的,我不要取悦我自己,我不要遵照自己的意愿,我的救主是神子,他来是遵行他父的旨意,是父差派他来的。同样的,我也是神子,我来是要遵行他的旨意,是他差派我来。"

基督徒生命的第一步就是舍己。在我们教会有许多凄惨的人,他们的生命充满了失败,因为没有处理罪根的问题,他们大多数就是在一些树枝上游荡。

所以现在我们暴露出悖逆的根,就是自我中心的老我不断膨胀,拒绝神。请记住这根并非始于地上,乃始于天上。路西弗的五次"我要",路西弗自己定意而非神意,这就是悖逆——罪的基本特质。请注意以赛亚书十四章14节中对路西弗最后的叙述:"我要与至上者同等",我要与神平等。这正是撒旦——这个敌对者——悖逆的想法,且用此来引诱夏娃,

牠说："若你们吃那树的果子，你们便如神。"（见创世记三：5）

相反地，腓立比书说到关于耶稣的想法："他（耶稣）本有神的形象，不以自己与神同等为强夺的；反倒虚己，取了奴仆的形象，成为人的样式。"（腓立比书二：6-7）耶稣并没有争取想要和神同等，撒旦却想抓住这，要与神一样，但耶稣不必这样做，这本就是属他的，是他神圣永恒的权利。这正是两者不同之处。

这世界所有问题的根源就是运作在"悖逆之子"（以弗所书二：2）里的叛乱，在这悖逆后面是属灵领域里的叛乱王子，牠主导掌控所有叛乱之子。

另外可在帖撒罗尼迦后书再次确认这真理，我们可以看到保罗所写的是如何完美的响应到以西结书廿八章，

> 人不拘用什么法子，你们总不要被他诱惑；因为那日子以前，必有离道反教的事，并有那大罪人（正确翻译应是无法纪之人或是悖逆的人），就是沉沦之子，显露出来。他是抵挡主，高抬自己，超过一切称为神的和一切受人敬拜的，甚至坐在神的殿里，自称是神。（帖撒罗尼迦后书二：3-4）

还记得推罗王吗？他说"我是神。"（以西结书廿八：

2），但实际上神说："你是人，你也会像人一样的死去。"所以我们分别从旧约跟新约看了这组对应，知道在这些背后的事实：看不见的邪灵界主宰所有"悖逆之子"（以弗所书二：2）以及后来成为"可怒之子"（以弗所书二：3）的。

第 五 章

采取主动

前一章我们掀起撒旦源头幔子的一角，略窥牠的策略与战术。本章要揭露属灵战场的主要原则：告诉我们在信心的道路上，为何会遇到挑战及响应迟延。当了解这些原则，就更能履行我们在世上作光作盐的责任。

我们可以从先知但以理在灵里的经历发现这原则。从但以理简单的自述开始："当那时，我——但以理悲伤了三个七日。"（但以理书十：2）但以理为了更有效地寻求神，特别祷告禁食三个七日，在三周的末了，经由天使长加百列的造访捎来对但以理祷告的回复：

他（加百列）就说："但以理啊，不要惧怕！因为从你第一日专心求明白将来的事，又在你神面前刻苦己心，你的言语已蒙应允；我是因你的言语而来。"（但以理书十：12）

他第一天祷告就已达天听，但回复到第二十一天才到。为何他必须要等三周？加百列是这么说：

但波斯国的魔君拦阻我二十一日。忽然有大君中的一位米迦勒来帮助我，我就停留在波斯诸王那里。（但以理书十：13）

请留心波斯国的魔君不是人类，牠是整个波斯王国后面的灵界统治者。当但以理开始为以色列被掳（这跟波斯帝国有密切关联）归回祷告，神立刻就响应了。派遣天使加百列带着要给但以理的回应，而这看不见的邪恶灵界在天际里拦阻他二十一天。

主动权在我们

你是否开始了解为何祷告的响应有时耽搁？你就像但以理也是在属灵的战场。上文说明一项极重要的事：但以理在地上的祷告开启天使在天上行动。

亲爱的朋友，主动权在教会，不是在天使，结果是因我们做了什么，"天使岂不都是服役的灵、奉差遣为那将要承受救恩的人效力吗？"（希伯来书一：14），我们不是在等天使来，是天使在等我们。

当你开始祷告就已经搅动天使起来一不仅是好的天使也包括坏的天使：因你中断牠们的统治。或许你现在终于发现这是多么真实，请明了是但以理的祷告为加百列天使开路。

你明白我们必须要做的事了吗？

多数基督徒在与相关于灵界争战的事，看自己像是小老鼠一贫乏、虚弱、提心吊胆、懦弱，一被搅动出他们的窝就蹦蹦跳跳，只想尽快跑回窝去。朋友啊！我们是统治者！我们是有主动权的，世界是等着我们一看得见和看不见的世界均如此。我们是最终决定国家命运的人，我们是地上的盐，是世上的光。

我们必须明了我们不是微不足道，我们是今日世界最重要的人，只要你是基督徒，你就一定重要，你举足轻重一结局如何就靠你了，你已经耗费太多时间等待别人来想办法解决世上的问题。

教会几世纪以来都有这样的态度："嗯，如果撒旦攻击，我们也许可以撑得住。"是该停止等撒旦采取主动的时候了，相反的，是我们对牠采取主动，是该我们使撒旦知道如果教会

攻击，牠可能无法撑住。我们必须采取行动，这时代才会结束，这取决于我们。

幕后

我们再来看另一点想法，也是从但以理的故事中我们必须了解的。当天使要离开但以理时说道："你知道我为何来见你吗？现在我要回去与波斯的魔君争战，我去后，希腊的魔君必来。"（但以理书十：20）波斯之后下一个帝国是希腊，在这些帝国后面都有个看不见的灵体操作：波斯帝国的"魔君"以及希腊帝国的"魔君"。

在灵界的战争是为以色列开路，让他们回到他们继承的产业，神将他们驱逐到世界各地，波斯魔君与希腊魔君也都与这有关，所有政治、历史上发生的事件背后是看不见的灵界冲突，在这冲突中，神百姓的祷告具有决定性。

在今天，相同的原则一样真实。看不见的灵界决定历史轨道、政治、社会、经济的结果，在灵界解决这些事件—而解决的重要因素就是耶稣基督在地上的教会。

基督是透过他的身体运作

我们是地上的盐、世上的光另一主要原因，正如经文清楚的陈述：我们是基督的身体（如以弗所书一：22-23），耶稣基督是透过他的身体运作，神不会撇下他的儿子耶稣基督，因这令他丢脸。同样的，他也不会把教会撇在一边，教会是他儿子的身体，在他的掌权中，神限制他自己，一定要透过教会去做最重要且必须去做的事，而教会就是指你和我。

我相信你开始了解这项真理：你举足轻重。听到基督徒说到自己是多么微不足道、多么渺小时，总是令我伤心。每件事都仰赖你，你的国家倚靠你，政治领袖依赖你，这是你该明了这点的时候了。

以赛亚书廿四章提供我们在灵界的另外一个活动画面，这段是从最后庞大高潮的审判截取下来。最后的大审判将结束这个时代，当整个世界来来回回的被翻转搅乱的时候，当世界被震动像是农舍小屋遇到地震

我们是最终决定国家命运的人。

一样，正如所描述的说：在这样大震动之际，也就是主在荣耀中降临的前夕，以赛亚书廿四章21节说道："到那日，耶和华在高处必惩罚高处的众军，在地上必惩罚地上的列王。"

在这里我们再度看到那两个领域："地上的列王"与"高处的众军"（在天上属灵的领域）神都要处罚牠们。就是这样运作的：看得见的事情背后是看不见的；在自然界的后面是灵

界，而在灵界所发生的事是决定性的关键。

当你在灵界得胜，你就胜利了一结束。每件在自然、社会、历史面向发生的事都是在灵界已经做成的结果。这就是为何教会能完全改变自然跟历史的轨道，我们只需要确保在灵界得胜即可。

神赐给我们属灵武器

容我请你注意此段经文来结束本章内容。我深爱圣经的其中一项原因就是它非常合乎逻辑，既然我们处于属灵冲突里，我们需要哪种武器？属灵武器。而这已经赐给我们了：

> 因为我们虽然在血气中行事，却不凭着血气争战。我们争战的兵器本不是属血气的，乃是在神面前有能力，可以攻破坚固的营垒，将各样的计谋，各样拦阻人认识神的那些自高之事，一概攻破了，又将人所有的心意夺回，使他都顺服基督。（哥林多后书十：3-5）

我们在地上是血肉之躯，受时空的限制，但我们的战场不是在这领域，是在灵界。神赐给我们非常合宜的武器一就是用在我们必须争战的领域里。是我们靠着枪、坦克、飞弹不能获胜的，因为这些武器打不到我们要对付的敌人。

我们现今的统治者很受挫折，因为在真正决定结果的地方，他们没有可以介入的方式。但是你跟我有方法，我们战争的武器不是血气，乃是在神里有大能，拆毁撒旦在属灵领域的坚固营垒。

请注意哥林多后书十章5节所显现我们的武器如何影响人性："将各样的计谋（推论），各样拦阻人认识神的那些自高之事，一概攻破了，又将人所有的心意夺回，使他都顺服基督。"营垒、计谋、知识、思想都是在看不见的领域，就是这领域控制人的思想、理性及知识，教会的争战就是在这些领域，而神赐给我们属灵武器可以确保属灵得胜—如果我们使用的话。

你可能会问："我如何使用这些属灵武器？"这是我们以下几章的主题：如何在属灵领域得胜。

我们现在总结一下本书的第一部分，我想现在很适合邀请你来为特定的主题祷告：那就是神可以装备你，并使你能在世上扮演好他期待你做到的角色，也许你觉得直到现在你还没有真正做到，又或许你甚至不知道神已经呼召你进入属灵战场，然而现在从他的话语中，有感动自己被征召，你是乐意的志愿者。

若是这样，那么我建议你现在来到神的祭坛，告诉他，你愿意献上自己给神，愿意成为属灵争战里的志愿者—特别是在影响你国家命运的属灵争战中的志愿者。

　　天父，我将自己献上，成为你呼召我去的属灵战场志愿者，我恳求你特别使用我在关乎我国家现正进行的属灵争战中作战。

　　请像但以理一样的使用我，透过在灵里的祷告与属灵争战来完成你在世界的旨意。装备我，来扮演好你已为我预备在这世界的角色，我全然倚靠你及你的大能。奉主耶稣的名祷告，阿们！

第 二 部

基督已经得胜

第六章

魔鬼最怕你知道的秘密

我们继续聚焦我们在国家、历史上的关键角色。我想你就要读到可能是神给我关于教会最重要的讯息，为何我要这样说？因为我计划向你揭示魔鬼处心积虑不让神的子民知道的事。我会靠着神所赐的每份力量，尽我全力，使这讯息简单明了。

我们的主题一直是一我们教会一是地上的盐、世上的光、山上的城，我们在这世上占据的一个特别位置：在我们所居住国家的命运与发展上，有独特的特权及责任一全世界的国家都仰赖我们基督徒。如果我们没有行使我们的责任，完成我们的定位，根据神所赐给我们的话语：我们就是失了味的盐，正如耶稣在登山宝训所说的：那么我们是"以后无用，不过丢在外面，被人践踏了。"（马太福音五：13）

让我们再来读一次马太福音第五章，照我之前请大家修改的方式，把"你"改成"我们"，把"以后无用"改成"我们以后无用"，我们用这方式再读一遍，强调它应用在我们个人身上。

> 我们是世上的盐。但盐若失了味，怎能用它来调味呢？那么我们就是无用，不过丢在外面，等着被人践踏了。

我想重新强调的主要原因是：为何我们占据了这独特的位置与责任？因为我们与看不见却极为真实的灵界争战，灵界的力量与个体主宰我们居住的冥顽不化的世界，我们是世上唯一有这个力量与能力来介入属灵领域的组织，因此如我之前所述，当我们借着神所赐的属灵武器改变灵界领域的状况，我们也就改变地上事件的方向，只有我们对这事有责任。

基督已经得胜了

现在我要强调所有属灵胜利的基本原则，我会在适当的时候集中讲述神所赐给我们的不同属灵武器。不过，使用这些武器需倚靠对一项圣经事实的清楚了解,如果我们不了解这事实,我们就不能充分或是有效的在属灵战场上使用任何一项武器。

这项伟大的圣经事实在新约明显的表示出来,非常简单:基督已经完全击败我们所有搏斗的敌人。

这是伟大的历史事实,这不是什么将要发生的事,是已经发生。

为要加强我们抓紧这绝佳的事实,让我们回顾一下在本书开始处,使徒保罗写给歌罗西教会的书信:

> 因为万有都是靠他(耶稣)造的,无论是天上的,地上的;能看见的,不能看见的;或是有位的,主治的,执政的,掌权的;一概都是借着他造的,又是为他造的。(歌罗西书一:16)

请注意讲到"所有靠他造的",保罗把他们分为两个领域一属天的与属地的;能看见的与不能看见的。

我想请你注意这项事实,就是保罗在上述经节中,并没有记录下任何特别看得见的地上项目,但他详细描述在看不见的属灵领域里四项主要层级次序,是根据他们的权力列出:有位的(译注:宝座,thrones),主治的(dominions),执政的(principalities),掌权的(powers)。在看不见的领域宝座是最高阶一就是约翰被带到的地方，就是启示录第四、五章经文所述。请注意在启示录第四章2-4节的关键词是"宝座"（译注：有位的）。

> 我立刻被圣灵感动，见有一个宝座安置在天上，又有一位坐在宝座上。看那坐着的，好像碧玉和红宝石；又有虹围着宝座，好像绿宝石。宝座的周围又有二十四个座位；其上坐着二十四位长老，身穿白衣，头上戴着金冠冕。

KJV版本是"宝座的周围有二十四个座位；其上坐着二十四位长老"（启示录四：4），但"座位"的正确翻译应该是"宝座"。不只是神坐在他的宝座上，还有围绕他的二十四位长老，也是坐在宝座上，宝座是宇宙中最高的阶层。

紧接宝座层以下的是包含主治的，或是更精确的说是统领权，接着来到执政的或是统治的，然后是与统治非常接近的是掌权的，或是更正确一点的说法是有权位者，这就是从经文透露出来的四种主要次序：宝座、统领、统治、有权位者一这是我们从自然理性中绝不会知道的。

被击败的叛乱帝国

正如我们注意到的：圣经也清楚显示对神犯的罪与悖逆并非起自地上，乃是在天空属灵领域，从以前到现在，领导所有悖逆团的领袖就是坠落的天使，名叫撒旦。人们有时会问为何神要创造撒旦？回答是，神并没有创造撒旦，神创造的是一位奇妙灿烂如天使的个体，名叫路西弗，但当路西弗悖逆神，牠就变成撒旦了。撒旦在希伯来文的明确意义就是"敌对者"、"拒绝者"、"敌人"，牠正是如此。

经文中没有记录在宝座或是统领层级的悖逆，对神悖逆的最高阶层就是统治的这层，那就是撒旦的所在，牠可能是所有王子或是统治中最大、最有能力、最卓越的，不过，我们对这点并不确定。

> 基督已经完全击败所有与我们搏斗的敌人。

从撒旦的悖逆开始，在执政的（统治）跟掌权的（有权位者）领域中，就有某些特定区段是与全能神对立，牠们建立一个悖逆帝国，反对神与神的国，这个帝国迄今仍存在，随后撒旦使亚当族群陷入同样悖逆神的状况，一如牠自己是第一个在天上犯罪的，当耶稣基督来到世上，借着他的死与复活所完成最伟大的事之一——终结撒旦的权柄，基督击败执政的、掌权的。

极少基督徒能充分了解这个事实，基督已经打败列阵对抗神跟人的那些执政、掌权的。

十架的三大成就

歌罗西书第二章清楚写出，耶稣对黑暗统治者完全的胜利。下列经文告诉我们耶稣借着死在十架，赢得三大胜利。

你们从前在过犯和未受割礼的肉体中死了，神赦免了你们（或译：我们）一切过犯，便叫你们与基督一同活过来；又涂抹了在律例上所写、攻击我们、有碍于我们的字据，把它撤去，钉在十字架上。既将一切执政的、掌权的掳来，明显给众人看，就仗着十字架夸胜。（歌罗西书二：13-15）

让我们来检视这三个伟大事实—每一个都重要—因着耶稣基督的死得以完成。

1.我们得赦免

第一个伟大的事实就是我们得以从所有的过犯中得赦免（请见歌罗西书二：13），借着耶稣基督的死，使得神可以正当的赦免我们所有的过犯，因为对我们的公义处罚已经由耶稣基督代替我们承受了。

2.废除律法的需要

第二项伟大事实是涂抹了在律法上所写、攻击我们、有碍于我们的字据（请见歌罗西书二2：14），以弗所书也说了相同的事实：

> 而且以自己的身体废掉冤仇，就是那记在律法上的规
> 条……（以弗所书二：15）

歌罗西书与以弗所书几乎是一模一样，重复强调耶稣基督借着他的死，为我们所成就的——终止律法，"律法的总结就是基督，使凡信他的都得着义。"（罗马书十：4）当耶稣死在十字架上，律法——为神所接受得以称义的方法——就终止了。现在及以后也都没有人能因持守律法或是其它任何方式得神赞赏。

以下经文更肯定这项事实："我的弟兄们，这样说来，你们借着基督的身体，在律法上也是死了。"（罗马书七：4）"罪必不能作你们的主；因你们不在律法之下，乃在恩典之下。"（罗马书六：14）"因为律法不是为义人设立的。"（提摩太前书一：9）

当你在耶稣基督里因信称义，律法就不是为你设立，这项真理极为重要，许多群基督徒仍在律法奴隶的轭中纠结。

3.执政的、掌权的已被掳来

第三项伟大成就：他（耶稣）"既将一切执政的、掌权的掳来（掠夺 KJV），明显给众人看，就仗着十字架夸胜。"（歌罗西书二：15）当耶稣将他的敌人解除武装（掳来）或毁坏，他是卸下他们的全部盔甲武器，所以他得以向他们夸胜，他是公开、清楚、全然彻底的把他们击垮，这已经成就了。这不是将要发生，是已经发生了。

耶稣在路加福音用一个比喻描述他的胜利。

壮士披挂整齐，看守自己的住宅，他所有的都平安无事；但有一个比他更壮的来，胜过他，就夺去他所倚靠的盔甲兵器，又分了他的赃。（路加福音十一：21-22）

这位看守自己的住宅、披挂整齐的壮士就是撒旦，这位比他更壮的就是耶稣。

请注意当耶稣遇到撒旦所采取的两个行动：首先就夺去他所倚靠的盔甲兵器。我们在歌罗西书二章15节读到耶稣解除（掳来）撒旦武装，所以他首先夺去牠所有的武装，然后他分了他的赃，耶稣释放撒旦所有的俘虏——他把那些在敌人控制下的人带走，耶稣将那些成为撒旦掳物的男人、女人——以及牠的财物、牲畜——全部都释放了。

这三项事实对你来说是再重要不过了，你必须明了耶稣钉十字架的影响——借着他死在十架完成了胜利，容我再陈述：

首先，十架使得神赦免我们所有的过犯。

再来，终结以律法称义的方式，且永不再为人所接受。

第三，耶稣完全击败那些列阵对抗神与人的执政、掌权的，他取走牠们所有武器，并将牠们公开示众，这是最惊人的事实。

只要基督徒能完全了解撒旦甚至没有任何武装，不只牠已经被击败，而且牠的盔甲也被夺去，再说明一次：大多数的基督徒瑟缩的躲在一边，彷佛撒旦有全副武装，且一副如果他们够幸运的话，也许可以设法抵抗得住牠。喔！仇敌多么聪明狡猾，但撒旦只剩下一件武器，你知道是什么吗？吹牛，那就是牠唯一的武器一不过，牠是使用这武器的大师。

> 当耶稣将他的敌人解除武装，他是卸下牠们的全部盔甲武器。

我们被造是要执政的

更惊人的事实——耶稣完全击败撒旦，且解除牠的武装——这是圣经的中心主题，对教会来说，抓住这项事实并明了其经文基础，这是非常关键的事，要做到这样，我们必须回到亚当族群的起源，就是亚当和他的子孙们。在创世记一章26节我们发现创造亚当的纪录：

> 神说："我们要照着我们的形象、按着我们的样式造人，使他们管理海里的鱼、空中的鸟、地上的牲畜，和全地，并地上所爬的一切昆虫。"

请注意几项基本的事实：首先神造人是按他的样式、照他的形象。"样式"指的是内在、里面，"形象"指的是外在、外表的样子。亚当是被造成像神的道德与属灵内在，不像其它任何低等生物。然而他也是照着神真实的外在表相造的。从经文来看，形象这字一直是表示"外在形式"，人看起来像神，对某些人来说这可能是相当震惊的陈述，不过这是事实。

容我再以此方式向你解释：当神来到地上，以耶稣的人形，应当是以人形彰显出来——不是以公牛或是金龟虫。当然是以人类的样式最符合神子，以血肉躯体来到世上的，所以当亚当被创造时，他在外表上是像神。

其次，请注意这不仅是亚当，乃是整个人类都在神的计划中，创世记一章26节说"使他们……不是""使他……，是"，使他们管理。

第三项伟大的事实：亚当受造（包含所有他的族类）是要

来管理带领所有的受造物。了解这点是很重要的：我们在首先的亚当所失去的每样事物，都靠着末后亚当也就是耶稣基督得着恢复。（请见哥林多前书十五：45-49）那当然包括执政管理权，不幸的是，几乎大部分的基督徒对这项真理完全没概念，部分原因大概是因为他们不明白首先的亚当是像谁。

首先的亚当是奇妙的生物，他的外表像神，也计划要以神的代表来行使职权，管理神设定给他的整个范围。

请注意！是整个范围！不是一小块地面，是全地。他是受造要像神的代表，看得见的神外表，在全地行使执政权。亚当统领的包括空中的鸟，这点很重要，表示他执掌的范围从地上延伸到较低层的天空。

所以这是亚当：长得就像是神、被安置在这、被授权代表他在全地行使神的统治权。但发生什么事？用很简单的话说就是他向神的大仇敌出卖原则。魔鬼前来煽动亚当，他的妻子夏娃犯了跟撒旦之前在天上一样——悖逆神的罪。我们在创世记三章5节从撒旦使用的诱惑话语看到了这事实：

因为神知道，你们吃的日子眼睛就明亮了，你们便如神能知道善恶。

之前我曾指出撒旦坠落的主要原因：是牠终极渴望——"要与至上者同等。"（以赛亚书十四：14）这是意味深长的，当牠引诱亚当与夏娃时，牠以同样的想法来诱惑他们：你们便如上帝，你们不需要神，你们自己就像是神，你们不需要倚赖他，不需寻求他的意见与劝戒，也不需要服从他，没有他，你们也可以把所有的事做得一样好，听我说：没必要再那么麻烦去听神的话。我们不是都曾有过这些念头？

亚当堕落的范围

这是关键的真理，当亚当堕落，不仅是他一个人跌落，他堕落付出的代价不仅是蓄意的出卖自己，也把神赐给他的整个领域主权拱手交出，他把每样事物都交在神的主要仇敌手中，就是魔鬼。这就是为何亚当的堕落对整个地上受造物产生洪水的效果，就是为何生出荆棘，为何动物不再和谐的一起居住。当亚当堕落，所有他执政的领域都割让给撒旦——魔鬼非常清楚知道这项事实。

请看当耶稣在旷野时，魔鬼向他显现，要诱惑他：

魔鬼又领他上了高山，霎时间把天下的万国都指给他看，对他说："这一切权柄、荣华，我都要给你，因为这原是交付我的，我愿意给谁就给谁。你若在我面前下拜，这都要归你。"（路加福音四：5-6）

翻译成交付的这个希腊字原是有背叛之意，犹大背叛耶

> 亚当受造（包含所有他的族类）是要来管理、带领所有的受造物。

稣也同样是用这字。所以当亚当堕落，他不仅是把自己卖给魔鬼，他也背叛神，把整个神所赐的统治权交到仇敌的手中，亚当曾是整个统治领域合法的主人，所以因着他亲手交给撒旦，使得撒旦成为整个统治领域合法的主人。

这项真理在经节中由耶稣基督自己承认，正如我们之前的讨论有三段耶稣称撒旦是世界的王（统治者NKJV版本）一所以牠真的是（请见KJV版约翰福音十二：31，十四：30，十六：11）。撒旦如何成为王呢？或说是统治者？借这劝说原来的统治者——本来拥有统治权的——把他自己跟他的统治范围交给牠，既然撒旦篡夺原来交付给亚当的整个领域，牠对耶稣所说的是有效力的，所有这些是背叛者给我的，我会交还给你，只要你做一件事——就是敬拜我，当然如我们所知：耶稣并不这么做。

使徒保罗也使用这头衔"掌权者"来指称撒旦：

你们死在过犯罪恶之中，他叫你们活过来。那时，你们在其中行事为人，随从今世的风俗，顺服空中掌权者（有权威者的领域）的首领，就是现今在悖逆之子心中运行的邪灵。（以弗所书二：1-2）

　　希腊文中有两个字是用来表示空气这概念：air 与 aither。这两个字给我们两个英文字空气与太空；air 是用在这节经文表示最接近地球表面的空气。

　　亚当掌管的空中的鸟，也包括牠们飞行的区域，所以当亚当坠落，整个他所控制的领域，包括邻近地球表面的区域——所有这些区域——都交付给撒旦，所以根据经文，魔鬼变成世界的王，或是统治者，整个有权位者的区域，这个正确的翻译就是"空中的"。

　　我们必须明了这现实状况，以及是怎么变成这样，所以在下一章我们会借着一个简单寓言来帮助我们更仔细检视这些真理。

第 七 章

收复家族企业

在第六章我们得知神原本将整个世界的统治权交付亚当，但当亚当堕落时，他有意地将他自己、全人类以及他的整个统治范围，都交到神敌对者撒旦的手中，我们追溯到亚当的背叛，造成所有的受造物面对大洪水，一度曾属于亚当的权柄，都变成撒旦的。牠是空中的王及统治者，在不能见的执政掌权领域中，牠建立一个悖逆的帝国，随时预备好去执行牠的命令，对全世界带来混乱、悲惨、毁灭。

就我们在属灵战场的终极胜利，我们要了解一件重要的事，这整个过程：耶稣为我们把亚当所失去的整个领域都买赎回来。这会帮助我们每人都来到我们对这世界真实的位份、特权、责任。我想用个简单的虚构小故事来帮助大家了解这项真理，我强烈的希望，当你读的时候，下述故事能清楚说明这整个过程。

有钱生意人的寓言

让我们想象有个非常有钱的人，他是多家企业的创办人兼总裁，其中一个企业营运完美，每年都有可观的利润。他决定把这企业交给他钟爱的儿子，所以他让这儿子完全掌管这公司，并且对他说：你现在来这里为我经营这企业。

但这个富人有个邪恶、不择手段的对手，曾经欺骗他，并偷窃他的东西，且在早年从他的职位潜逃。那个人建立了一间敌对的公司。有天这个对手一这个邪恶狡猾的骗子一跑到这人的儿子那里说道：嘿！你知道吗？我不知道你为什么要浪费你的时间追随你爸爸，并照他告诉你的话做？那老家伙已经过时了，他是活在上世纪的人，人们现在不再用那方式做事了。你若愿意听我说明一下，让我告诉你怎样才是真正经营事业聪明的方式，何不让我掌管公司，你就是执行副总裁，事情就会真正的动起来，听我的吧！忘掉你爸爸跟他所有的那些过时的想法。

所以这年轻人愚蠢的把自己跟他的事业都交给这个骗子，当然这公司的秘书告诉他爸爸说：你知道发生什么事了吗？你儿子把他自己跟你交给他的公司，就是你指派他管理的那家企业，全部都交给你的敌人，你要怎么处理？要告他们吗？

老人答道："喔！不！"

"你不打算采取任何行动？"

"喔！不！"

"你的意思是说你要放过这坏蛋，让他得逞？"

"暂时……是的。"

"为什么？"

"呃！我可以把这老骗子告到法庭，但是如果我这样做，我也得把我儿子告上法庭。所以为了我儿子的缘故，我会等待用别的方式来处理这事。"

秘书接着问他："你将要怎么做？"

"呃！我告诉你，我将付必要的代价买回这公司，虽然这仍是我的企业，我能合法的把它拿回，不过我还是会用巨款买回。"

"哎！"秘书说道："我想这也太过仁慈了吧！那把公司买回来以后，你要怎样处理这公司呢？"

"我将再让我的儿子掌管。"

神如何救赎人类

你明白这个寓言吗？这对你来说清楚吗？

神就是这父亲，他让他的儿子亚当来管理地球的所有领域（这家族企业），亚当把它出卖给对手撒旦，神能在任何时候合理拿回完全控制权，因为所有的受造物仍是合法的属于他，他能随时处理撒旦。

你明白了吗？因为神是完全的公义，如果他根据规则要处理撒旦，他也必须处理亚当，但为了亚当跟他的族类，他长期忍耐、等待，他等待数十世纪以来，直到适当时机，主耶稣基督以人的形象来到世上，耶稣付出他的生命之血，这无法衡量的代价来"买回这企业"，将人类从罪与死亡中救赎出来，且恢复人类在他里面该有的位份，神用宇宙间的最高代价——独一无二神子的血买回人类。

这简直是令人难以置信的消息：你知道神想做什么吗？他想要让你我再管理，如果这不是恩典的话，我真不知道什么才是！因为你知道他是"诸般恩典"的上帝（彼得前书五：10）。

这是多么强而有力的讯息，让我们了解到这么多世纪以来，神一直在容忍撒旦，当这魔鬼不断上下来回世界，甚至还出现在神面前！你能了解这恩典有多深吗？在本书的第一章提到约伯——当"上帝的众子"出现在神的面前，谁也在他们中间？撒旦（请见约伯记一：6）。

就我所能了解的，天使没有认出牠来，实际上只有神说我看见你了，撒旦你从哪里来？而撒旦回答：我在地上走来走去、上上下下天地之间。（请见约伯记一：7）

想想神的无限忍耐、容许这个吹牛、骗子、恶棍上下往返，数十个世纪走过他所创造且仍是合法拥有的美丽大地。你知道撒旦在忙些什么？当神的众子侍立在主的面前？牠控告神的仆人约伯—说些龌龊事情、编造污秽的事情，控告世上最正直的人。（请见约伯记一：7-11）

这正是撒旦今日忙着做的事，完全一样的活动，牠仍然上下往返，牠仍然是昼夜在神宝座面前控告"控告我们弟兄"（启示录十二：10）。然而神以无限的耐心容忍牠，为什么？因为首先必须借着耶稣基督的死赎回这"家族企业"。

胜过仇敌的力量

当基督赎回这产业，他把每个针对亚当族类的控告都解决了，因此现在神可以用完全的正义来赦免悔改的罪人，而不会妥协他的公义。

但是神仍然容忍撒旦，你知道为什么？因为他希望看到你我重新掌管家族企业。而我们在耶稣的权柄—包括在世界摧毁敌人的力量，并释放牠的俘虏。约翰壹书三章8节说道："神的儿子显现出来，为要除灭魔鬼的作为。"而耶稣在路加福音十章19节告诉他的追随者："我已经给你们权柄可以践踏蛇和蝎子，又胜过仇敌一切的能力……"

我们对刚才探讨的伟大真理，不仅是给予心理的同意，让我们在经验中以祷告结束。如果你渴望回应这奇妙的事实，请照下述来祷告：

亲爱的天父，在你处理你的"家族企业"有如此无止尽的恩典，真是令我惊讶，我是如此讶异你愿意让我们重新掌权管理，我为此献上由衷感谢。

我接受你的提议！我对你说：主啊！我是如此感恩且乐意接受所有你原先赐给亚当的一切，这些曾被仇敌抢夺，我现在感谢收下。阿们！

第 八 章

重返经营

我希望这个关于有钱生意人的简单寓言，可以说明我想对今日基督徒说的最重要的事实：耶稣基督借着他的死与复活，已为我们付了终极的代价，他赎回亚当出卖给撒旦的整个统治权。

在他不可思议的恩典中，神想把亚当失去的所有主权再次让我们管理，我希望你在前一章的最后有开口祷告、领受父神给予我们的"家族企业"。

现在我们继续检视一些关键经文，并且把这重要真理努力地应用在我们的生活。

人子，亚当之子

基督在哥林多前书十五章被称呼两个名字："末后的亚当"
与"第二个人"。

> 经上也是这样记着说："首先的人亚当成了有灵的活
> 人"；末后的亚当成了叫人活的灵。……头一个人是
> 出于地，乃属土；第二个人是出于天。（哥林多前书
> 十五：45、47）

耶稣基督是"末后的亚当"——亚当族类的最后，他也是
"第二个人"——新的人，且是新族类的头，他两者皆是。当耶
稣来到世上，他是整个亚当族类的代表，受造成为人。耶稣在
福音书中所有用来称呼他自己的名称中，他使用最多的就是人
子或是亚当之子，亚当之子他使用了八十次，大概是其它的十
倍，而亚当这名字的意思是"人"，在他喜爱的名称中最多是
"亚当之子"，他说：我是"亚当之子"即是"我是整个亚当族
类的代表"。

耶稣在十架上成就的每一件事，都是代表我们每个人去
成就的。他上十架是代表整个族类，他把过犯、羞耻、谴责、
罪、疾病、痛苦、全人类的苦痛都担到自己身上。

> 耶和华使我们众人的罪孽都归在他身上。（以赛亚书
> 五十三：6）

他为我们的罪作了挽回祭，不是单为我们的罪，也是
为普天下人的罪。（约翰壹书二：2）

无论耶稣在十架上受了什么苦，他不是代表自己，他是代
表我们受苦。

神使那无罪的，替我们成为罪，好叫我们在他里面成
为神的义。（哥林多后书五：21）

耶稣是亚当族类的最终代表，所有我们的罪及羞耻都卷
起来，成为一个重担，压在末后亚当的肩上，他是最伟大的重
担背负者，是他把这些都放在自己身上，由这位说"成了"的
人，解决了所有的问题，不需再做任何事了。（请见约翰福音
十九：30）

新的秩序

第三天耶稣从坟墓里复活，当他复活，他是全新秩序的
头，他是首先从死里复活的，是世上君王的主，这两项对他的
描述总是在经文中联合在一起，我们来看歌罗西书一章18节：

他也是教会全体之首。他是元始（新秩序的开始），
是从死里首先复生的（神所生的），使他可以在凡事
上居首位（第一位）。

在最初的创造中，是由他，也是借着他创造所有（请见约翰福音一：3；歌罗西书一：16）他在万有之先，借着他，所有得存在。（歌罗西书一：17）但在新的创造中，耶稣是头，是起初的，从死里首先复活的，是第一位从神所生、死里复活。约翰在启示录一章5节写道：

并那诚实作见证的、从死里首先复活、为世上君王元首（统治者KJV版本）的耶稣基督。

因为耶稣是从死里首先复活，他成为世上君王元首。请注意这称呼：元首或是统治者，现在是与他连结在一起，这世界的统治者曾经是撒旦，但现在从主的死与复活，耶稣就已经成为世上君王的统治者。

我希望你能看见所有的这些说明都是在经文里，且都非常清楚。身为旧约的学生及对犹太民族的传道人，读弥赛亚篇章总是令我十分惊喜，因看到这些在弥赛亚基督里得到印证。首先我们来看诗篇八十九篇：

他要称呼我说：你是我的父，是我的神，是拯救我的磐石。（这是基督向父神称呼，请注意父神回答）我也要立他为长子，为世上最高的君王（或高过世上一切的君王。KJV版本）。（诗篇八十九：26-27）

上述段落没有提到创造前，那时耶稣是父神所生唯一的神子，这里他是首生的，是父神从死里再次所生的神子，你能了解这真理吗？这是新的创造、新的秩序，是由耶稣作头的新开始。

其次，让我们再来读诗篇二篇：

外邦为什么争闹？万民为什么谋算虚妄的事？世上的
君王一齐起来，臣宰一同商议，要敌挡耶和华并他的
受膏者。（诗篇二：1-2）

根据使徒行传，我们知道当耶稣在外邦统治者面前，以及在犹太人的法庭上受审，这两者都谴责他、拒绝他、不理他，这些都印证经文所说的（请见使徒行传四：24-28）。在那时，这些臣宰主要是这么说：

我们要挣开他们的捆绑（三位一体神的捆绑），脱去
他们的绳索。（诗篇二：3）

换句话说，人们说：我们不要这人来统治我们，我们不想要这个叫耶稣的，"除了西泽，我们没有王。"（约翰福音十九：15）我不得不指出这真是犹太民族有史以来最大灾难的话语了："除了西泽，我们没有王"。看看他们自此以后从西泽受了多少苦，但他们选择他，他们做了抉择。

与他认同

接着我们继续来看诗篇第二篇，请注意全能神的回应：

那坐在天上的必发笑；主必嗤笑他们。那时，他要在怒中责备他们，在烈怒中惊吓他们，说（这是神所说的话）：我已经立我的君在锡安—我的圣山上了（换句话说，我已经高升我的儿子，然后这儿子回答他的父神）。受膏者说：我要传圣旨。耶和华曾对我说：你是我的儿子，我今日生你。（诗篇二：4-7）

再次看到这段经文不是指创造，是指复活，在那天，神再次"生下"耶稣，他是从死里而生的、头生的、是新族类的头。我们可以预备大大赞美神，因为这真是越来越好，当我读彼得前书时，了解到我们并没有在这新族类里被遗漏掉。

愿颂赞归与我们主耶稣基督的父上帝！他曾照自己的大怜悯，借耶稣基督从死里复活，重生了我们，叫我们有活泼的盼望……（彼得前书一：3）

这节经文是说父神不仅再次"生下"耶稣，而且在耶稣里，他也重新生下我们，使我们借耶稣基督从死里复活……，叫我们有活泼的盼望……这是伟大的转换，耶稣救世主—他在每一方面都与我们罪人认同，相对的，以至于被赎的信徒也可以在每一点与律法的公义认同，你明白这点吗？耶稣表明自己与我们的罪认同，以至于我们可以在他的公义胜利与凯旋里有份一这些就是要转换过来的那一半，那一半已经完全了，耶稣已经完成认罪、除罪，那剩下的另一半就由你我来完成。

三个"一同"

要完成整个画面，让我们检视以弗所书二章5-6节：

……当我们死在过犯中的时候，（神）便叫我们与基督（靠着恩典你们得拯救）一同活过来。你们得救是本乎恩。他又叫我们与基督耶稣一同复活，一同坐在天上……

请注意到这里的三个"一同"，因为耶稣基督代表我们借着信所做的，我们现在从神的眼光来看是与耶稣一致的。神使我们一同活过来，从坟墓里一同复活，且让我们一同坐在天上，你可以看到这样的认同方式是多么完整！因为耶稣将他自己与罪人视为一同，信徒现在就有权在所有下述方面与他视为一同：就是他的死、他的埋葬、他的复活，以及他的升天。

我乐意将旧约中记载耶稣的死与复活展现给大家看。新约明白的陈述基督："而且埋葬了；又照圣经所说，第三天复活了。"（哥林多前书十五：4）但你知道旧约的哪节经文说到耶稣会在第三天从死里复活？我知道仅有这节：

> 来吧，我们归向耶和华！他撕裂我们，也必医治；他打伤我们，也必缠裹。过两天他必使我们苏醒，第三天他必使我们兴起，我们就在他面前得以存活。（何西阿书六：1-2）

美妙的是，在这经文中并没有说只有耶稣会在第三天复活，他说我们会与他一同兴起，你了解吗？神并没有说只使耶稣从死里复活，而是一整个新族类，每位相信耶稣基督是再次被生下，"……借耶稣基督从死里复活，……叫我们有活泼的盼望……"（彼得前书一：3）。这就像是如果你看到我在水里，然后起来时头先上来，一样肯定的事情。当你看到我的头从水面出现时，在一般自然法则，你会预期看到我身体的其它部分，就像我潜下水时一样的顺序，既然耶稣——我们的头已经从死里升起，就跟刚才的例子一样的肯定，照着属灵的法则，他身体的其它部分一定会接着升起。

神已经赐给我们权柄

上述所言对我们来说其本身就是奇妙的消息，不过，我把最好的消息留到现在，耶稣接着做了什么？我们已经看到了他做的每件事——解决了对人类的每个控诉，开始一个新的族类，使魔鬼全然的噤声，完全击败仇敌——你知道耶稣做了什么？他做的就是我告诉你的小故事里那个父亲做的事。他对我们说："你来，把这企业拿回去，并且为我经营，我要返回天上去了，好好经营上轨道，现在这是你的工作。"这是了不起的事实，而且是真实的。

你知道首先的亚当是神看得见的代表，打算代表神来行使他的权柄，神从来没有废弃这计划，虽有魔鬼阻碍，但牠无法阻止，因为这计划已经由末后的亚当恢复了。我们身为耶稣基督的信徒，也就是神看得见的代表，代表他执行他的权柄，就像当初亚当管理所有的受造物一样，我们有着基督的权柄，今日要在这世上行使统治权。

行使他的权柄

请容我提出两段经文来告诉你这个简单的道理：马太福音廿八章18-19节与约翰福音二十章21节。我们从马太福音最后一章开始：复活之后耶稣对他的门徒说：

> 耶稣进前来，对他们说："天上地下所有的权柄都赐
> 给我了。"（马太福音廿八：18）

撒旦把曾赐给亚当的世界统治权抢夺过来，但耶稣将它赎回，你可以了解这事实吗？从耶稣复活后，撒旦已经没有合法的权柄了。任何牠所拿过去的权柄都被抢夺回来了。牠对这世界不再有统治权，因为耶稣代表首先的亚当族类在十架上解决了每件债务。耶稣复活成为世上君王元首，所有天上地上的权柄，由父神合法授权给他。那就是耶稣为什么这么说：所有权柄现在已经赋予我了。他接着说什么呢？

> 所以，你们要去……（马太福音廿八：19）

你看到真正发生什么了吗？耶稣并没有说："我将要做这事"。他是说："你去做这事，你去全世界展现我的权柄"，那就是他的叙述。"所以，你们要去……"相当于说你们是我看得见的代表，所以代表我行使我的权柄。

约翰福音二十章21节我们看见同样的想法，但是更精确的陈述：当耶稣在复活的主日出现在他的门徒面前，他说：

> 愿你们平安！父怎样差遣了我，我也照样差遣你们。
>
> （约翰福音二十：21）

"照样"在这里意思就是"完全一样",不是大概,是完全一样。耶稣很肯定的说,"跟我父怎样差遣我到这世界一样,现在我差遣你们"。

赐给我们的四项应用

耶稣在约翰福音二十章21节的叙述有四项应用:首先,当耶稣人子来,他说:"我……来,不是要按自己的意思行,乃是要按那差我来者的意思行。"这就是我存在这世界的目的——不是做我想要做的事,乃是做父要我做的。(请见约翰福音六:38)

其次,他说:我所做的工作,"乃是住在我里面的父做他自己的事"。我没有做什么。(请见约翰福音十四:10)

第三,他说:"我对你们所说的话……乃是差我来之父的道。"(请见约翰福音十四:10、24)

第四,他说:"人看见了我,就是看见了父。"(约翰福音十四:9)

因此根据耶稣相关的叙述:"父怎样差遣了我,我也照样差遣你们。"(约翰福音二十:21)我们可以看见这些经文的四项叙述带出非常重要的真理:

真理一:我们在这里,不是做我们想做的,乃是做耶稣基督差我们来做的,我们没有权利来行自己的旨意,我们在这里

---❧---

耶稣复活成为世上君王元首，所有天上地上的权柄，由父神合法授权给他。

---❧---

的唯一原因是行耶稣的旨意。

真理二：无论我们做什么，我们应该要能说：这不是我做的，乃是基督在我里面做成这工。

真理三：无论我们说什么，我们应该要能说：这不是我说的，乃是基督给我的话语。

真理四：我们应该要能够站在世界面前说：如果你们看见我，你们就看见基督。实际上，我们是不能避免这样的连结，因为我们是神性看得见的代表，正如同亚当被创造出来，有神的形象与样式，为了要能代表神，行使神的权柄，所以我们也是再创造出来，有神透过耶稣基督的样式与形象来代表神行使神的权柄，耶稣已经回到天上，现在在这世上，不管要做什么都必须由你我来执行。

让我们用以弗所书三章10节神救赎的终极目标，来结束本章。

为要借着教会使天上执政的、掌权的，现在得知神百般的智慧。……

换句话说，我们是要显现神百般的智慧一不仅是对这个世

界，也是要对天上执政的掌权的领域。教会要能展开显露神百般多面的智慧，教会也就是指你我，那就是为何我们在这里，那就是神的目的。

你能消化了解这项广大重要的责任吗？甚至更进一步，你预备好接受这项责任了吗？如果是的，请在祷告中将自己献给主。

> 啊！主！虽然就我看来这是如此不可思议，但我明了身为基督徒，我是你在这世上看得见的代表，请将你能力的恩典浇灌在我身上，我献上自己来服事你，并求你赐力量给我，使我能正确有效的代表你、你的公义及你在我周围世界的权柄。靠着你的恩典与帮助，我会这样行，我属于你。喔！主，阿们！

我们会在下一章更进一步探索神赐给我们，供我们使用的每一种属灵武器。此外，我们会坚定这项事实—首先且是最重要的—撒旦已经被打败了，然而这是看我们如何运用基督已经赢得的胜利，以及使用他给我们的每一项武器。

第 三 部

祷告与禁食
的大能

第 九 章

拿起我们的武器

教会是这世界的光与盐，有着独特的位份与责任。让我们再读一遍马太福音五章 13 节，是用那种把责任放在自己身上的形式（倘若可行，我鼓励你大声宣告），预备好了吗？

> 我们是世上的盐。盐若失了味，怎能叫它再咸呢？我们以后无用，不过丢在外面，被人践踏了。

身为耶稣基督的教会，我们是人类事件中决定性的因素，人类国家文明的命运都靠我们。主要原因是人类与国家的命运是由看不见的属灵领域里的灵界力量决定，只有教会才能介入那个领域。

　　我们借着属灵武器能胜过邪恶的力量，因此可以改变那些

我们就能在人类事件中带来荣耀神的正面转化。

在人类身上运作的影响力与能力，这样我们就能在人类事件中带来荣耀神的正面转化。我会指出身为基督徒，不管我们身在哪个国家，我们对那个国家的整体状况—政治与灵界—是要向神负责的。

凯旋游行

　　若想要有效地介入属灵领域，什么是我们能力与权柄的基础？就是耶稣基督借着他的死与复活一举击溃所有邪恶力量，他一末后的亚当一并代表我们成就这事，公开羞辱撒旦。他代表整个亚当族类把我们的罪、所有的失败、所有的谴责、因罪带来的每一重担，都担在他自己身上，他与我们的敌人面对面并击败牠，并代表我们从坟墓升起，成为新族类的头，领导我们得胜凯旋。

　　保罗在歌罗西书描述这项事实：

既将一切执政的、掌权的掳来，明显给众人看，就仗着十字架夸胜。（歌罗西书二：15）

耶稣基督在十架上向执政掌权的夸胜，并将牠们陈列公开示众。"凯旋"在这里意思是"已经赢得胜利的公开正式庆典"，凯旋与胜利并不相同：胜利是在战役得胜；凯旋则是胜利的庆典。基督公开胜过掌权执政的，他带领一场凯旋的公开游行，而那些敌人带着锁链跟在他后面。

保罗的凯旋夸胜是真正的引用古罗马的风俗：罗马帝国时代，当一位将军在战役中表现非凡，得到胜利，例如增加新的势力范围或是征服强大的敌人，在罗马的参议员就会正式的提议为他举办"凯旋"游行。

请他在白马拉的战车上带领整个游行队伍行遍城市的街道，罗马的百姓们排列在街道旁，当他经过时鼓掌欢迎，而他争战得胜的证据都用锁链栓在后面跟着战车。例如他若曾到老虎栖息的土地，一些抓到的老虎就会在他后面，当作得胜的证据一起游行（特别是因为这种动物在罗马很少见）。此外任何被打败的君王或强大的军事将领，也是用锁链拴住跟在将军的战车后面，在战争中被掳掠的俘虏根据阶级跟在将军的后面，也就是他得胜的证据，通通公开示众。

保罗将这个生动的画面归给耶稣，可想而知，基督在战车上借着十架打败我们所有的仇敌，而现在牠们在公开场合跟在耶稣后面，表示从属与顺服，这个画面就是使徒保罗那时代的信徒想到的凯旋这词。我们一样也应如此：这是户外正式公开庆祝胜利的庆典，展览所有被打败的敌人。因着耶稣在十架上牺牲生命的恩典，使得撒旦及其执政掌权的党羽都跟在他后面，公开表示失败与臣服。

再来我们在哥林多后书发现一段极棒的经文：

感谢神！常率领我们在基督里夸胜，并借着我们在各处显扬那因认识基督而有的香气。（哥林多后书二：14）

基督已经凯旋，但这段陈述告诉我们：神总是带领我们在基督里夸胜。这段经文是说在各处，如果我们思想这段经文，并把"常"与"在各处"连在一起，就知道没有遗漏任何事，我们常在基督里夸胜。

请记住：在刚才那画面里，我们不是在那些跟在他战车后面被拴住的俘虏，不！我们是属于战车上的，根据权利与他一同，那是每个信徒所在的位置。耶稣邀请我们与他同享凯旋。哥林多后书二章14节有个新译文版本是这么表述：无论我在哪里，感谢神！他使我的人生是持续在基督里的凯旋游行……（MOFFATT版本）

"凯旋游行"是我们应该有的权利，也是我们应该要这样的。我们是耶稣基督的代表，他赢得胜利，现在他留给你我的就是应用这个胜利。如我们之前所读的，耶稣他自己在马太福音廿八章18-19节所说的，我在这里重新叙述"天上和地上所有的能力都赋予我"，因此，走出去使用这能力向世界显示：借着我的死与复活所赢得的能力。

同样的，在约翰福音二十章21节，耶稣说："父怎样差遣了我，我也照样差遣你们。"耶稣是肯定确认我们是他在世上看得见的代表，我们在这世界是要显现他的胜利，应用他的凯旋向这世界的人们显示：他代表他们所成就的胜利游行。

我们的属灵武器

以上述作为我们的基础，我们现在转为检视我们争战的武器。因为我们是在与属灵战争，神提供我们属灵武器是合乎逻辑。从哥林多后书我们得知有这些武器：

因为我们虽然在血气中行事，却不凭着血气争战。我们争战的兵器本不是属血气的，乃是在神面前有能力，可以攻破坚固的营垒，将各样的计谋，各样拦阻人认识神的那些自高之事，一概攻破了，又将人所有的心意夺回，使他都顺服基督。(哥林多后书十：3-5)

请注意反对的、悖逆的思想也是要俘虏到战车后面的，那正是他们所属的地方，正如我们是属于战车上的，这些悖逆者是属于战车后面。所有在灵里的悖逆势力，主宰人们的意念、想象、理性，令他们反叛神，我们都俘虏牠们，因此牠们都被锁链拴住在战车后面跟着我们。为了帮助我们明了这事实，经文强调这项真理：“我们争战的兵器本不是属血气的，乃是在神面前有能力。”（哥林多后书十：4）为要击败属灵仇敌，神已经给我们属灵武器了。

我们的研究到目前这阶段，我将要检视一些主要的属灵武器，是神期待我们以这些武器达到所要的结果，简单说，我将数点我认为的主要武器，然而我从来没有自认这个清单是绝对详尽，这些是我们将要讨论的：祷告、禁食、赞美、见证、讲道。

如果我们要从这些武器继续讲述，我们就要讨论圣灵的超自然恩赐。（例如哥林多前书十二章1-11节）然而就我们这本书的目的：我只会说明我上面所列出来的部分，在后面的这几章，我会聚焦在我认为大多数神百姓应该要注意的主要属灵武器，我们会从祷告这个武器开始谈起。

第 十 章

超级发电厂

因要介绍祷告的主题，我想把焦点放在马太福音十八章里面耶稣说的一段话：

> 我实在告诉你们，凡你们在地上所捆绑的，在天上也要捆绑；凡你们在地上所释放的，在天上也要释放。我又告诉你们，若是你们中间有两个人在地上同心合意地求什么事，我在天上的父必为他们成全。因为无论在哪里，有两三个人奉我的名聚会，那里就有我在他们中间。（马太福音十八：18-20）

我们所领受的能力

当我们面对这世界时，上述那段经文就是我们的超级发电厂。在经文里包含我们所需能力的一切元素，这能力是可以成就任何事的。经文中描述的是提供给所有基督徒的能力，但只要在教会之外，不管是总统、独裁者、军队将领或一般人都无法拥有这能力的任何一丁点。

"凡你们在地上所捆绑的，在天上也要捆绑；凡你们在地上所释放的，在天上也要释放。……求什么事……必为他们成全。"（马太福音十八：18-19）你还能再要求什么呢？绝对没有漏掉任何事—任何状

> 有两三人因圣灵的引导而聚集，重要行动就开始发生。

况、问题、仇敌、反对势力等等—是在这些经文的应许之外。要全面有效全然得胜所需的每件事都包括在这里面了。

在提出对这段经文的一些看法之前，我想先给你马太福音十八章 20 节的叶光明版，这是我自己字面上的译本"有两三人进入我的名而被引导聚集的地方，我就在那里。"

你可能注意到我把"聚会"一词改为"被引导聚集"，这样改变的基础是来自罗马书八章 14 节：

因为凡被神的灵引导的，都是神的儿子。

基督徒的任何活动都不能遗漏圣灵。有两三人因圣灵的引导而聚集的地方，那里就是重要行动开始发生的地方。

进入他的名

接着我比较想译为"进入我的名"来取代"以我的名"，这给我们正确的概念：在他百姓聚集的地方，主耶稣基督的名才是焦点。实际上，这是基督徒唯一得到权柄集会的地方。在旧约，当神带以色列人进入应许之地，他主要重点是："我会指定一个地方在那里建造居所，我会把我的名放在那里，那里就是在这土地上，我唯一的地方：我会接受你们的牺牲与献祭。"这个地方就是耶路撒冷，这个"居所"就是所罗门王建殿重点。请注意，神说"不可以带你的祭品在其它任何地方献祭，因为我把我的名放在那个居所里。"（请参见申命记十二：11-14）

同样的标准放在今日亦然。基督徒的聚集只有一个权柄基础。我们不是浸信会、长老教会或是圣公会的聚集，那不是神所授权的。只有一个中心使我们有权聚集一起：那就是进入耶稣的名，有两三人因圣灵的引导而聚集，进入耶稣的名，他就应许说：我就在你们中间。

　　这是很重要的，要知道马太福音十八章包含耶稣在福音书中讲到两次关于教会的事：第一次是在马太福音十六章18节，耶稣说："我要把我的教会建造在这磐石上"，而这里马太福音十八章17节耶稣教导：

　　他（不悔改的信徒）若是不听他们（两三个其它信徒），就告诉教会；若是不听教会，就看他像外邦人和税吏一样。

　　我想提供你关于这两次使用教会这词的一些个人意见：在马太福音十六章耶稣讲到全地的教会—所有信徒：种族、年龄、背景、宗派所组成的真实身体，信徒们不会全在一个地方聚集，除非是被提（请参见帖撒罗尼加前书四：15-17）。那将是第一次所有教会齐来聚集为全地的教会。在这个时候、在这个世上是不可能聚集成为一个全球的教会。

　　然而，在马太福音十八章耶稣是对当地教会说的：基本上他对当地教会的话是从20节开始，请让我们再以叶光明版本重读一次："有两三人进入我的名而被引导聚集的地方……"这是真正耶稣基督的当地教会之基础。

健康的细胞

　　既然知道教会是耶稣基督的身体，我们大家应该都同意要注意教会的健康。我不是医生，但如我之前所述，我曾在英国军队当医疗下士，所以我对于何谓健康身体略有所知，即使以一个门外汉而言，事实很简单，我们可以自己为证，在肉体的生命中，人类是由许多细胞的组成，互相协调，成为整个身体。但某人身体里的细胞生命开始故障，这人就开始不健康，没有任何事物能代替每个细胞的健康。

　　我要告诉你，这对耶稣基督的身体而言也是一样的真实。在马太福音十八章我们看见教会的"细胞生活"：就是有两三人被引导聚集一起进入耶稣的名，如果细胞生活不再健康，无论我们其它任何方面可以做到多大规模——不管我们参加什么课程、复兴、特会等——耶稣基督的身体基本上就是不健康。必须个别的细胞生命是健康、功能健全的，不然整个耶稣基督的身体还是无法健康运作——就如你的细胞故障，你的身体就无法健康。

　　如你所知癌症跟许多其它类似的疾病，主要都是因为身体里的细胞出问题，最终来讲，如果这故障持续，整个身体都会被摧毁掉。

　　我深信同样的道理适用于教会，如果这"两三人"——被引导聚集进入耶稣的名——是不健康的，那么教会的身体整个也会不健康。在下一章我会讨论如何可以培育健康的细胞，防止生病。

第 十 一 章

正确的关系

从马太福音十八章 18-20 节的讨论，我们已经确知此段是所有属灵能力的来源，所有要求及所需要的能力都包含在这几节经文的应许中。我相信圣经所说，这个能力的发电厂被高耸围墙所环绕，除非穿过围墙，否则是无法进入能力的中央秘密据点。而这围墙就是正确的关系，如果你没有跟其它人维持并生活在正确的关系中，你就无法进入祷告的超级发电厂。

与神与人的正确关系

耶稣在上述经文的前几节指导我们这个祷告的重要元素一他在马太福音十八章15节说："倘若你的弟兄得罪你，你就去，趁着只有他和你在一处的时候，指出他的错来。"把事情处理正确，对于触怒与误解的事不要视而不见而不处理。

而后在马太福音十八章末了耶稣说了个故事：不饶恕人的仆人，别人免了他一千万银子的债，然而他却不豁免人家欠他十二银子的债。结果那仆人就被送到暴虐者那里。故事的最后经文说道：

> 你们各人若不从心里饶恕你的弟兄，我天父也要这样
> 待你们了。（马太福音十八：35）

不饶恕、怨恨、恶劣的态度、破碎的关系阻绝了基督徒祷告的能力。许多基督徒一点都不知道祷告的效力，因为他们不知道要与别人维持正确的关系。请容我提供你一个重要总结：你不可能与人关系不对，但与神关系良好，这是不可能的。如果你与人关系正确，你就能与神有对的关系。而如果你与神的关系是对的，你与人就会是正确关系。

请容我以一个简单说明来强调这点：基督的十架有两条梁——垂直与水平。必须要有这两条才能形成完整的十架。这

两条梁代表两种关系：直的表示人与神的关系，横的表示人与人的关系，如果横的梁歪了，不需任何人说，你就知道直的梁也就不对，如果你与小组团契的人关系不对，你就不可能与神有正确的关系。

让我们想想这点如何应用在基督徒的生活中。最大问题的来源——在教会里能力最大的破口——就是错误的关系，所有能力的神圣秘密地区绝对是由神所要求的和谐与和解的围墙所

> *如果你与人关系正确，你就能与神有对的关系。*

看守，这原则是放诸四海皆准，你必须与每人都有正确的关系，若你没有，就没有权利进入祷告的关键区域。

无法抵挡的和谐

传基督福音的最大弱点大概是家庭的破碎，一位大城市传统教义的主要牧师的儿子曾经对我说过："我认识大概四十个传统教义的牧者，而在他们中间，我没有看到一个真正快乐的家庭。"

这叙述真是令人震惊，但也透露一个重要的真理：你可以在所有传讲的教义中都很正确，但在你的关系上却全部不对。基督教义的根本不是宗教规条——它是关系的宗教。这是圣灵

现今对我们所强调的：让我们设法和谐——然后我们才会有无法抵挡的祷告。

这和谐的原则在马太福音十八章 19 节传达出来："若是你们中间有两个人在地上同心合意（agree）地求什么事……"这真是很有意义：译为同心合意的希腊字它的原文和衍生出英文交响乐（symphony）这个字是同一字。换句话说，"若是你们中间有两个人在地上像交响乐般和谐……"。

这个概念和知识上的同意完全无关。我认为只是知性的同意绝对是扭曲耶稣的说法。当基督徒说我们同意，然而彼此一点都不同心合意，这跟彼此有正确关系差得很远。这个字"交响乐般"指的是和谐、协同，两个灵里一致、合一，当这样的和谐发生时，凡你所求的必定成就，没有什么能阻挡你，你是无法挡的！没有任何事能在你面前站立的住。

我不是音乐家——一点边都沾不上，但我知道要有个交响乐至少要有两项元素：一个是指挥，一个是乐谱。你可以有所有交响乐团的一切组成元素，但若没有指挥跟乐谱，那就没有交响乐。

同样概念可应用到属灵层面，要有真实灵里的交响乐，就必须要有指挥与乐谱，指挥就是圣灵，乐谱则是神的旨意透过圣灵显示出来。当两个基督徒和谐的透过圣灵显示出神的旨意，无论求什么皆必成就，保证没有失败的。

夫妻间的同心合意

容我在此提个问题：一般来说哪两个人能自然的同心合意祷告呢？若你的回答是夫妻，那就答对了。但有多少夫妻是真的同心合意？

我曾在一场对基督徒弟兄的演讲中问这个问题：请问在这里的弟兄，有多少人觉得和妻子同心合意是容易的事？在这相当多的群众中，只有一位羞怯地半举着手。事实上，人们自然的个性觉得和别人同心合意并不容易，这也是对我们这老我、顽固、爱争吵、独断的人而言，几乎是不可能的事，在旧的领域中是不可能，只有在新造的人，且在耶稣基督的这新领域里是可能的。（请参见歌罗西书三：8-11）

我完全相信在今日教会最大的需要就是夫妻、父母亲的同心合意。在每个年代、每个集会，从亚当夏娃到现在，在所有的人类生活中，一直有一个中心单位，那就是家庭，这个焦点从不改变，也一直会是

> 当家庭破碎，所有的人类生活最终也会破碎。

如此，直到人类历史的结束。无论是在律法之下如此，在恩典之下亦然；在族长时代如此，在千禧年亦然；所有人类生活的中心点就是家庭，当家庭破碎，所有的人类生活最终也会破

碎。我认为事实便是如此，没有什么好辩论。

在今日世界中，家庭破碎是最大的单一问题。我常在世界各地演讲，有时也受访，他们会问我、向我咨询，对关于该国的问题有什么想法？通常我都很小心地回答他们，因我不是该国的人民，不确定是否能解决该国的问题。他们也会问我其它社会事件，我从不认为自己是专家，但我会自由地提供我的看法。我总认为今日世界最严重的事件是家庭的破碎，毫无疑问的，这一直是全球教会所面临最大的、紧急迫切的事件，而这问题始于夫妻关系的破裂。

已婚的两人合一的破碎是所有接续而来家庭问题的来源，假如父母不合一，他们不可能控制得住他们的孩子，孩子们总是知道双亲何时不和谐，这问题同样影响生命的许多领域。无论我们是从那个角度，我们认为是个问题时，通常其中心点就是关系。

祷告的阻碍

当使徒彼得在写有关夫妻关系时，他就下述的主张给我们特别的确认：

> 你们作丈夫的也要按情理和妻子同住；因她比你软弱
> （比你软弱：原文作是软弱的器皿），与你一同承受
> 生命之恩的，所以要敬重她。这样，便叫你们的祷告
> 没有阻碍。（彼得前书三：7）

你有联想过彼得上述最后一句话所指出来的重点吗？他所指出来的就是夫妻间的不和谐会阻碍他们的祷告，这是这个原则的例子，为了祷告有回应，我们必须如交响乐般，我们必须和谐、协同、灵里合一，当我们达到灵里合一，凡所求必成就。

让我在这里坦白：我自己是丈夫，我知道两个人要能灵里和谐的生活，从来就不是件容易的事。这需要关心，两人必须了解合一的价值，且只能透过十架在配偶的生命中做工才可能达到，但这奖赏是最棒的，请相信我，合一是值得我们努力去达到的。

若是夫妻都相信耶稣基督并经圣灵的洗，却不能合一的生活，那么他们对这世界没有任何贡献。世上已经够多的摩擦、挫折、分裂、不合，如果你只有这些可以给其它人，那还是自己留着吧！不要向外界输出。测试我们是否真的合一，就看在家里是否合一，若是在家里做不成，就先别麻烦到其它地方去试了。

容我快速增加说明一点：若是家中双亲有一位是非信徒，那就是另一回事了。当然并非只有夫妻两人能同心合一的祷告，但他们是最明显的两位。如我们先前所述，当夫妻和谐，他们的祷告是无法挡的，当夫妻合一，同时就触动神，他们所求的必成就，事情就这样成了。

然而从经验中，我知道魔鬼也很熟知和谐的原则，牠尽可能地掺入一点不合、挫折、磨擦，不需要多大或是多严重的不合就可以拦阻你的祷告。

回转心意

我想以一个非常个人的应用来结束这章。我希望不只是让你觉得热情，因为热情有个习惯，就是会逐渐消失。我认为应该要让你做一个真实亲密个人的决定，我要这么做，我前面说过最自然同心合意祷告的两个人就是夫妻，我非常肯定且相信已婚的两人可以这样做的话是最重要的改变，而且是现在就可以发生在我们的世界。

很多人并不了解在有些圣经的版本中旧约的最后一个字是"咒诅"，你知道吗？神在旧约的最后一个字是咒诅，感谢神给我们新约，不然我们就留在咒诅里了，旧约的最后两节是这么说：

> 看哪，耶和华大而可畏之日未到以前，我必差遣先知
> 以利亚到你们那里去。他必使父亲的心转向儿女，
> 儿女的心转向父亲，免得我来咒诅遍地。（玛拉基书
> 四：5-6）

你发现到在末日使全地痛苦的最大单一问题是什么？就是

家庭的破碎，要怎么做来移开这咒诅？我们必须看到父亲的心转回向他的孩子，而孩子的心转回向他们的父亲。家庭的恢复是唯一可转回咒诅的解药。

我常在讲道中说需要父亲与孩子们和解，我曾公开的说男人违背他们身为丈夫、父亲及教会领袖的责任，他们把责任留给女人，他们真是丢脸！但神向我显示和解的主要焦点是在夫妻，然后可以挽回孩子。

你会回应吗？

我所描述的是一般性原则。我知道有些个别状况也许不能等同视之。然而，我相信在基督徒的家中，恢复合一是属灵复兴的核心，因此我要请现正在读此书的夫妻，靠着神大能的帮助，全心致力于他们自己及他们的家庭，并代表他们的国家成为有效合一的祷告中心。

> 家庭的恢復是唯一可轉回咒詛的解藥。

你愿意做这样的承诺吗？若你身为丈夫或是妻子，想要在这方面致力献上，当你读这部分时请站起来，若你现在并不方便真的站起来，请至少想象着自己站在祭坛面前，向主承诺并献上，借着站起来的行动，无论是实际上或是心理上，你都是在作一个决定——当神使你能够——即使你有所有人类的软弱——献上自己，从这个时刻开始，以崭新而有效的方式，神圣的介入自己国家的领导阶层及世界的国家祷告。

现在我想为你刚才所做的决定祷告：

神啊！奉主耶稣基督的名，我代表刚才站起来愿意根据你话语委身的每个人，靠耶稣宝贵的名，我为每位祷告，从现在开始，你的祝福会以新的方式临到他们。

主啊！根据他们的意愿、特意作的选择，他们自己认同你对这世界的目的，及你国度的扩张，基于此，我恳求主，从现在就祝福他们，使他们以新的方式与配偶连结，赐给他们新的异象、新的委身、新的目标。

请祝福他们代表的家庭，只要哪里有心痛、悲剧、分裂、流离失所、迷途的一主啊！我现在奉耶稣的名，为恢复这些家庭祷告，为他们所在的国家里恢复所有家庭祷告，阿们！

第 十 二 章

祷告——万事之首

我描述了关于信徒彼此有对的关系就有祷告的力量，现在我想讨论祷告在属灵争战领域的力量。

让我们读提摩太前书二章1-4节来探讨这个主题：

我劝你，第一要为万人恳求、祷告、代求、祝谢；为君王和一切在位的，也该如此，使我们可以敬虔、端正、平安无事地度日。这是好的，在神我们救主面前可蒙悦纳。他愿意万人得救，明白真道。

我们刚才读的这段真是美妙的呈现逻辑的真理，每一步都从前一步发展。在保罗写给提摩太的书信主要谈到教会的一些基本需要，他从哪开始述说？他首先说的基本需要是什么？

保罗列了好几样关于这些需要的活动—恳求、祷告、代求、祝谢—但若我要以一件来总结这些，那就是祷告。"第一"，保罗说："我们需要祷告"。

为那些执政在位的祷告

经文接着指出神所推荐列在教会祷告清单上的第一批人——我们应该"为君王和一切在位的"（提摩太前书二：2）祷告。我曾去美国很多大型教会讲道，我都会问这个问题：今天有多少人为美国的总统祷告？悲哀的是，我从来没有得到超过20%的响应，从来没有！通常回答有的大概是会众的2%。如果基督的身体不为自己国家那些在位者祷告，那谁会呢？我诚挚地相信神这么说，他的意思就是这个。基督徒每天祷告的第一项应该就是为在位者祷告。

平安无事地度日

我们祷告的下一项是什么？"使我们可以敬虔、端正、平安无事地度日。"（提摩太前书二：2）这是我们的要求，我们要有那样的生活，你要如何表达？什么是我们最需要的，我会用一个词总结就是好的政府。这经文真正定义好的政府应该确保什么：使我们可以敬虔、端正、平安无事地度日。

对于你所居住的这个国家，请你自问：住在这里的居民是过着敬虔、端正、平安无事的日子吗？若不是，那是什么原因？我相信答案是基督徒没有祷告。

> 住在这里的居民是过着敬虔、端正、平安无事的日子吗？

我们看见在这世界许多国家所发生的扰乱、毁坏，在几千年前神的话就精确描述了这样的情形：

你们的地土已经荒凉；你们的城邑被火焚毁。你们的田地在你们眼前为外邦人所侵吞，既被外邦人倾覆就成为荒凉。（以赛亚书一：7）

这是对发生在今天世界上许多国家相当正确的描述，不是吗？这段特别的经文是神派先知去告诉他的百姓，在他们眼前正发生的事。你想如果百姓的土地都已毁坏，他们的城市也都烽火四处，他们应该知道发生什么事吧？但神居然还必须派个先知去告诉他们。

他们为什么看不见在他们眼前正发生的事？他们太忙于宗教活动—就跟现代的基督徒一样，他们忙着"教会"的事，以致看不见发生什么事。

神在下列这段经文说的话作出了结论：

耶和华说：你们所献的许多祭物与我何益呢？公绵羊的燔祭和肥畜的脂油，我已经够了；公牛的血，羊羔的血，公山羊的血，我都不喜悦。你们来朝见我，谁向你们讨这些，使你们践踏我的院宇呢？你们不要再献虚浮的供物。香品是我所憎恶的；月朔和安息日，并宣召的大会，也是我所憎恶的；作罪孽，又守严肃会，我也不能容忍。你们的月朔和节期，我心里恨恶，我都以为麻烦；我担当，便不耐烦。（以赛亚书一：11-14）

然而这世界正在他们的圣所外面焚烧，犹太人却忙着他们的宗教——他们的课程活动、各项委员会、推广策略、吸收会友等等，这世界和他们的国家在他们面前下沉、毁灭他们，却抓不到这事实。

我关切的是，这也正是今日世上许多国家的写照，真的，这经文也是对现代教会的严厉谴责，我们并没有比以赛亚时代在圣殿的百姓好到哪儿去，在许多国家，我们许多人就是忙碌于这些宗教活动，脱离现实，也没有解决人们的问题。

为什么要好的政府？

现在让我们回到保罗在提摩太前书二章的规劝，他在第2节告诉我们要"为君王和一切在位的，也该如此，使我们可以敬虔、端正、平安无事地度日。"

在第3节保罗接着说："这是好的，在神我们救主面前可蒙悦纳。"什么是保罗在这里所说的"这"？好的政府，请自问这问题：哪个是神所同意的一坏的政府或是好的政府？哪一个讨他喜悦？答案很明显：好的政府。

保罗在提摩太前书二章4节给我们最实际的理由，为何神赞同好的政府？"他愿意万人得救，明白真道。"换句话说神要所有人在最有利的环境下，都有机会听到福音真理，而听到就可能得救。

一般常识告诉我们：在传讲基督福音跟与人接触方面，好的政府是比较有帮助，比较容易做到。可想而知，在暴力充斥、无法纪、犯罪、压制、不诚实、贪污、受贿的状况，福音的工作就会受拦阻。因为神要我们所有人都有最好的机会听闻福音，他喜悦好的政府，因为这是好的，在神我们救主面前可蒙悦纳。所以我们要怎样做呢？我们要为政府祷告。

我说过很多次：若是基督徒把花在批评政府的时间，拿来为它祷告，他们就会少了很多要批评的东西。大部分国家的许多民众批评起政府，可一点都不迟疑。就我个人意见：有时国

第十二章　祷告—万事之首

家政府的领导者对他们工作的认真程度，超过基督徒对履行身为基督徒的责任。在这些情况下我们没有权利去批评领导者，因为我们未尽责，没有为他们祷告，这不是小小的责任，这是伟大崇高的责任。

当我们为好的政府祷告时，神给我们什么确据呢？我们在约翰的书信找到答案：

> 我们若照他的旨意求什么，他就听我们，这是我们向他所存坦然无惧的心。既然知道他听我们一切所求的，就知道我们所求于他的，无不得着。（约翰壹书五：14-15）

翻译成"坦然无惧"这意思的希腊原文是一个非常强烈的字，就是"完全信心"，这不是有点怀疑的信仰，是在神里完全的信心，我们信心的本质是什么？请容我重复一次："我们若照他的旨意求什么，他就听我们……既然知道他听我们一切所求的，就知道我们所求于他的，无不得着。"

> 若是基督徒把花在批评政府的时间，拿来为它祷告，他们就会少了很多要批评的东西。

我们知道好的政府是神的旨意，所以如果我们有为好的政

109

府祷告，就知道神听我们，如果知道神听我们，我们就知道会得着所求于他的——那就是好的政府。这是唯一的结论。圣经的话是不可信赖的？或我们没有好的政府是因为我们没有为它祷告？你想哪个是正确的解释？

我的想法是基督徒得到坏政府，是因为他们活该。一般来说，我相信神的百姓得到他们应得的政府。我相信为自己国家得到好的政府，这是在神百姓的能力范围，如果他们没有这么做，他们成了什么？失了味的盐。我们没有做好自己被安置在这里的工作。

神的应许今日仍然存在？

我们快速读一下历代志下七章14节，这是神极棒的应许。然而一些基督徒认为旧约的应许并不适用在今天，所以在探索这节经文前让我们先提醒自己：

神的应许，不论有多少，在基督都是是的。所以借着他（耶稣基督）也都是实在（实在：原文是阿们）的，叫神因我们得荣耀。（哥林多后书一：20）

"因我们"这里是指谁？那就是你跟我，毫无疑问，这是指所有的基督徒。

神的应许对所有奉耶稣基督的名来寻求他的人都是"是的"——不是过去式的"是的"，也不是未来的"是的"，他们是现在"是的"，阿们！

根据这段，神的应许并不是只对教会高层、使徒或初代教会，也是对我们——透过你与我，我们无法逃避以花俏的各宗派理论排除。所有"肉"（译注：好处）都是给之前或未来的世代，而我们现代除了"骨头"可以咀嚼以外，没有任何东西，我不相信这点是上述"因我们得荣耀"的应许。

，他是非常传统的教义派，他遇到了危机：他的妻子生病，肾脏得不治之症。她的医生（是无神论者）告诉她没救了，所以她跑到传统教派的书店去找如何得医治的书，她走出书房承认说："我买了十四本讲受苦的书，但书店里面没有一本谈如何得医治。"

你知道再来发生什么事？这两位骨子里都是传统派、严严谨守教义的人，跑去伊利诺伊州的惠顿一所圣公会，该会的牧师奉主耶稣的名用油膏了这位妻子，神立刻医治她。为何传统派的人不知道用膏油？难道没有读过雅各书五章14-15节吗？这样的方式没落了吗？不！他们把它去掉了。

> 神的应许并不是只对教会高层，也是对我们。

我们常欺骗自己，而不去用最好的。我们应得到奶油，却只拿脱脂牛奶，我所关切的是所有神的应许在基督都是是的，借着他也都是实在的，叫神因我叶光明得荣耀，请容我这么说吧，每个在圣经里的应许都能应用到我的状况，并符合我今日的需要，对你亦然。

"若我的百姓"

有神这个应许清楚的在心中，让我们来读历代志下七章14节，神说道：

……这称为我名下的子民，若是自卑、祷告，寻求我的面，转离他们的恶行，我必从天上垂听，赦免他们的罪，医治他们的地。

他是说"若是我的百姓做下列四件事，我就会做这三件事"，请留心神是如何描述他的百姓："这称为我名下的子民"，在希伯来文这话的意思就是字面上的"是用我的名字来称呼我的人民"，如果你是基督徒，就是用基督的名字叫你，这是在圣经里对基督徒最精确的描述。

所以神说："如果我的基督徒百姓做这四件事，我会做三件事。"神要求他的百姓去做哪四件事？

1）谦卑自己

2）祷告

3）寻求他的面

4）转离他们的恶行

如果采取了这四项行动，那么神应许他会从天上垂听，赦免他们的罪，医治他们的地。

若是神百姓的土地没有得到医治，是神没有遵守他的应许？还是神百姓未能符合他的条件？你认为哪个是正确的原因？这是我的评估：神没有错，他总是说话算话。如果我们的土地没有得医治，那是因为我们没有符合他的四个条件。

让我们审视这四个条件：

第一个条件是谦卑，不要求神使你谦卑一你必须自己谦卑下来，这是你必须要做的决定。

第二个行动是祷告，我们已经讨论过怎么做了。

第三，我们要寻求他的面，不要只是在周日傍晚祷告个十分钟，要祷告透了，直到你遇见这位全能神。请相信我，当你触摸到神时你就会知道。

第四，转离我们的恶行，这个词"恶行"有时会误导我们，你要明白它不是指窃贼、中辍或是有毒瘾的人，使神缩手。它是指在教会里发现的恶事，这是我们的恶。大多时候问题并不在于我们做错什么，而是我们没有做什么，这真理在雅各书四章17节说的很清楚：

人若知道行善，却不去行，这就是他的罪了。

在马太福音廿五章，我们看到未能采取正确行动的另外一个讨论：这章说道当神再来的时候，有三种人会从他面前永远逐出：愚蠢的童女、不忠心的仆人、山羊国家。这些人做了什么使得他们从神的面前永远逐出？我用两个字回答这问题：没做。

愚蠢的童女没有预备油，不忠心的仆人没有使用他的才干，山羊国家忽视这些饥饿的、口渴的、赤身露体的、在监牢里的。耶稣对这三种人说："我实在告诉你们，这些事你们既不做在我这弟兄中一个最小的身上，就是不做在我身上了。"（马太福音廿五：45）结果是？"这些人要往永刑里去"（46节）多可怕啊！永远失落并被咒诅，就因为什么都没做！

同样的思维，先知撒母耳对扫罗及以色列的百姓说："至于我，断不停止为你们祷告，以致得罪耶和华。"（撒母耳记上十二：23）他了解停止祷告是罪，那就是"没做什么"。

祷告如同神的诫命

这是我们清楚的结论：如果我们的土地未得医治，那是教会的错。我们没有符合神的条件，我们是犯罪的人，不是神改变或是未能持守他的应许。如果我们不悔改来达到神的条件，以至于他相对的能医治我们的地，那么我们身为盐就失了它的味，我们就是无用，不过丢弃，被人践踏了。若这真的发生，是多么丢脸的事！

然而我不相信这会发生，选择权在于我们，也就是教会，我们会悔改，我们可以作选择：祷告如同神的诫命。

在第十章我们说明了祷告是世界最强的发电厂，所以下一章我提供你一些我个人祷告的例子，我个人及其它人的祷告改变历史的轨道，我会详细精确的说明，相信对你是很大的激励。

要适切的回应我们在这章所检视的真理，让我们以一个悔改的祷告结束这章：

> 父神！我现在奉主耶稣基督的名，来到你面前。首先就像但以理，我们承认我们的罪，以及百姓的罪。我们承认使你失望，主！我们也使百姓失望，我们真诚悔改，我们求你赦免我们。我们向你祷告，求你帮助。我们悔改，以致改变我们的途径，使得我们所住的国家能转化。喔！主啊！请医治我们的地，奉耶稣的名祷告，阿们！

第 十 三 章

因为我们祷告

让我们再读一次马太福音五章 13 节，现在你应该知道我们该怎么读这节经文了吧！在不改变它的意义下，我们把它变得跟自己更有关系：

> 我们是世上的盐。盐若失了味，怎能叫它再咸呢？我们以后无用，不过丢在外面，被人践踏了。

祷告蒙响应的条件

在与你分享我个人的一些影响历史的祷告见证之前，我想重述目前我们在这本书所学的要点，相信这会很有帮助。

我提出为何教会在世界事件中有决定性的因素？是什么原因？教会能与影响人类及国家命运的灵争战，这世上没有任何其它组织能参与这场属灵战争。保罗在以弗所书六章12节再一次讲到这场战争：

因我们并不是与属血气的争战（原文是摔跤；下同），乃是与那些执政的、掌权的、管辖这幽暗世界的，以及天空属灵气的恶魔争战。

我们已经看到神提供我们在灵界得胜的方法，所有胜利的基础就在歌罗西书二章15节：

他（基督耶稣）既将一切执政的、掌权的掳来，明显给众人看，就仗着十字架夸胜。

在十架上，耶稣基督已经击败所有灵界仇敌，现在你我就是被要求成为他的代表，奉他的名有效的使用他的胜利，从基督赢得的胜利是由你我，也就是他的教会——教会的肢体——作为他的代表。

我们必须了解因为我们被呼召做属灵争战，故神提供我们属灵武器的军械库。保罗在哥林多后书有生动的描述：

> 我们争战的兵器本不是属血气的，乃是在神面前有能力，可以攻破坚固的营垒，将各样的计谋，各样拦阻人认识神的那些自高之事，一概攻破了，又将人所有的心意夺回，使他都顺服基督。（哥林多后书十：4-5）

我们探讨了一些我认为的主要属灵武器，现在简短的重复：祷告、禁食、赞美、见证、讲道、圣灵、超自然的恩赐（如我们先前所提到也是很重要的武器，虽然我们不会更进一步讨论，因本书的目的不在此。）

然后我们更深检视"世界的强力发电厂"，就是我们的第一项属灵武器——祷告。我们以马太福音十八章耶稣的话开始谈起：

> 我实在告诉你们，凡你们在地上所捆绑的，在天上也要捆绑；凡你们在地上所释放的，在天上也要释放。我又告诉你们，若是你们中间有两个人在地上同心合意地求什么事，我在天上的父必为他们成全。因为无论在哪里，有两三个人奉我的名聚会，那里就有我在他们中间。（马太福音十八：18-20）

这段描述我称其为"所有能力的秘密所在",没有省略掉任何事物,没有遗漏任何需要。在那里你可以用祷告完成你的任何需要,你可以支取神的全能,我们知道耶稣说:"神凡事都能。"(马可福音十:27)他也说:"在信的人,凡事都能。"(马可福音九:23)

换句话说借着你的信心可以支取神的全能,不过我也指出,这所有能力的秘密所在是有围墙保护的,围墙就是以正确的关系你就可以取得能力的入口。你若小心地培育并维持与每个人的正确关系,他就在你的能力里;若是你与其它人关系恶劣一例如怨恨的态度、苦毒、不饶恕一你没有资格行使这能力。

模式、计划、程序

然后我们看到在提摩太前书所教导的特定祷告的模式、计划、程序,让我们再次检视那段经文:

> 我劝你,第一要为万人恳求、祷告、代求、祝谢;为君王和一切在位的,也该如此,使我们可以敬虔、端正、平安无事地度日。这是好的,在神我们救主面前可蒙悦纳。他愿意万人得救,明白真道。(提摩太前书二:1-4)

在教会的团体生活中第一个活动是祷告，而什么是祷告清单上的第一个项目呢？第二节经文指出答案："君王和一切在位的。"

请用四个字回答这个问题：我们要为什么祷告？好的政府。理由是？"使我们可以敬虔、端正、平安无事地度日。"（提摩太前书二：2）

这是神的旨意吗？经文就这点说得很清楚："这是好的，在神我们救主面前可蒙悦纳。"（提摩太前书二：3）

为何神认同好的政府？因为它所提供的环境最能促成他的目标："他愿意万人得救，明白真道。"（提摩太前书二：4）

很明显的，神希望有合适的局势，在这样环境下能有最大的自由，把福音的真理带给所有的人，毫无疑问的，好的政府真的会使大环境比较容易传讲福音。

这些祷告的结果是什么？经文告诉我们，如果我们为神旨意的任何事祷告，我们就保证会收到我们为此祷告的结果：

我们若照他的旨意求什么，他就听我们，这是我们向他所存坦然无惧的心。既然知道他听我们一切所求的，就知道我们所求于他的，无不得着。（约翰壹书五：14-15）

当我们照着神心意祷告，就知道神听我们的祷告，更进一步，如果我们知道神听我们的祷告，我们就知道已拿到向他要求的请愿书。

整个程序的逻辑非常清楚且激励人心，好的政府是神的旨意，清楚而明确的陈述。因此如果我们祷告有好的政府，我们知道神垂听，如果我们知道神垂听，就知道求好政府的请愿书已经蒙神应允，所以如果我们没有好的政府，原因是什么？我们没有祷告，而如果我们未能祷告，我们就成了失了味的盐，我们在这世上没有做好我们的工作。

这程序在历代志下写得很清楚，神赐下特别应许给那些被称作他名的人：

> ……这称为我名下的子民，若是自卑、祷告，寻求我的面，转离他们的恶行，我必从天上垂听，赦免他们的罪，医治他们的地。（历代志下七：14）

最后一段是关键：神已经应许我们：他会医治我们的地；如果我们的地未得医治，原因是我们没有符合神所提出的四项条件：就是谦卑、祷告、寻求神的面、转离我们的恶行。这不是那些未信主或是被逐出教

> *好的政府是神的旨意，清楚而明确的陈述。因此如果我们祷告有好的政府，我们知道神垂听。*

会者的罪，不是他们的问题，这是神百姓阻碍国家复兴与洁净的罪。

在这里作些结论，经文说："因为时候到了，审判要从神的家起首。"（彼得前书四：17）神的审判总是从神的家开始，如果神百姓会面对审判，那么神倾倒祝福于这世上的路也是敞开的。1904年韦尔斯大复兴的关键人物伊凡?罗伯斯（Evan Roberts）曾说过一段美妙的话："折服教会，拯救世界。"这句话在今天仍然真实，神能够折服他的教会就能拯救世界，所以问题是在教会，总是如此。

个人祷告蒙回应的例子

现在分享几个我为国际事件祷告蒙应允的例子，这些祷告是我知道蒙神特别响应，也许有些人认为我数算这些经验是在自夸，我保证不是。当我们祷告时，结果有两个可能——且只有两个，神响应祷告或是他不回应。如果神响应你的祷告，你却不祷告，你就是愚笨。但如果神不回应，你还去祷告就是愚笨。这就看你自己决定，你相信哪个，至于我及我家，我们相信神回应祷告。（请参见约书亚记廿四：15）当我们奉主的名特别为某件事祷告，而确实有事发生，我们以感恩领受这发生的事，并知道这是对我们祷告的回应。

阿莱曼（El Alamein）战役的胜利

我提供的第一个例子是在二次大战时，我是驻守在北非沙漠的英国军官，刚经历得救及圣灵的洗，我的单位隶属英国陆军西部沙漠部队，就是后来著名的第八军。

那时我对英国军官的标准与行为感到震惊：他们自私、漫无法纪、不负责任，所以人们对他们都没有信心，也不愿意与他们一同工作。这种行为的结果是军队内部自相纷争一正如圣经经文清楚叙述的：是站立不住的。（请见马太福音十二：25）不久我们有一个荣幸，就是要参加英国军队有史以来最长的一场撤退：从在利比亚的欧盖亚（El Agheila 又名的黎波里）到埃及的阿莱曼一距离大约 15000 英哩。

我知道这是令人沉重的局势，我渴求祷告也渴望一场英国的胜利，但我对自己说："我怎能期待神给这样的领导者胜利？"然而一个特别感动的祷告进入我心，希望你能谨慎地记录下我的祷告，因这在今天也非常适用。这是我当时的祷告："主啊！赐给我们领导者，为荣耀你的缘故，透过他们赐给我们胜利。"我想重复这段祷告："主啊！赐给我们领导者，为荣耀你的缘故，透过他们赐给我们胜利。"

我告诉你神如何响应我的祷告：首先英国政府决定更换第八军的司令，他们换下原来的司令，换上另一位在前线的军官名叫哥特（Gott），他飞回开罗基地进行司令官交接时，飞机在降落时翻覆，他被抛出机外摔断脖子。突然英国政府又必须赶快找一位司令官以因应这关键时刻，这是战场的重要枢纽。

丘吉尔便自己决定来响应这状况，他环顾四围挑出一位相对默默无名的年轻军官名叫蒙哥马利（Montgomery），不是出自任何人为的计划，且出乎大家的意料之外，蒙哥马利突然荣升为第八军的司令官。

我告诉你一件关于蒙哥马利特别的事，他是一位重生的基督徒，他的父亲是英格兰教会的主教，且是福音传道会的秘书长，大家对蒙哥马利知道的不多，但他第一个正式行动就是重整英国军队的纪律、规范，军官一致士气改变，整个军队有团队精神，就在这之后，发生关键之战—阿莱曼战役，在整个大战过程，阿莱曼战役是盟军第一个真正主要的胜利，丘吉尔称之为"终战的开始"，毫无疑问这是主要的转折点。

> 主啊！赐给我们领导者，以为荣耀你的缘故，透过他们赐给我们胜利。

战役之后的隔天，我在西部沙漠跟一群军官站在一部卡车尾门的旁边，这里有台小收音机，从收音机传出新闻评论员的声音描述这战役之前的准备工作，报导中描述，盟军的统帅蒙哥马利将军公开的在他的同胞与军官面前说："让我们祈求神，他是战场上的全能者，赐给我们胜利！"

当我听到这些字句从收音机传出来时，就好像从天降下闪电从我的头顶穿越到我的脚趾一样，彷佛神对我说："这就是对你祷告的回应。"这是一个明显且影响深远的祷告案例。

耶路撒冷的防御

几年之后我的妻子莉迪亚与我住在耶路撒冷的犹太区，在1948年5月15日当以色列宣布成立国家建国的那天，有五个阿拉伯国家围攻小小的以色列国。在那天以色列宣布成为一个国家，立刻有周围的五个阿拉伯国家向它宣战，两百万犹太人对抗四千万武装精良的阿拉伯人，他们想要把犹太人都推入海中，完全歼灭他们。

在以色列建国之前，我的妻子待在耶路撒冷将近二十年，她经历过许多暴乱、骚动、冲突。她看过犹太人完全无法抵御保护自己，她看见他们把面包刀绑在扫帚柄上作为基本的武器；她目击小犹太婴儿手臂被扯掉，从建筑物的屋顶丢下来。

实际上在以色列国独立前不久，我们住在耶路撒冷中心的一间特殊建物。我们的女儿伊丽莎白那时大概只有四岁，是我们当时年纪最小的女儿，有天她向我跑过来说："爹地，爹地，街上有好多死人。"我跑到窗户边，而这是我看到的景象：一团年轻的犹太人志愿巡逻队（他们谈不上男人、女人，只是小男孩、小女孩。）在耶路撒冷城外遭到一群阿拉伯人的突击，阿拉伯人杀了他们，并把他们切成一小块一小块—我说的这一小块是只比你的手还要小的一块块，一辆英国的卡车被派去把他们的尸体集结起来，卡车把这些尸块载回到耶路撒冷的中心，也就是我家外面，卡车运送这些尸块转交给一辆犹太救护车好载去埋葬，再增加一点恐怖的景象：我看见一个人用汽油桶的一片来刮下黏在人行道上的一小点人体残骸，然后把它放回救护车。

那恐怖的事件给我第一手的证据：如果阿拉伯人那时打赢战争占领了耶路撒冷，我知道再来会面临什么，不需要危言耸听，我可以告诉你这事实：每位犹太母亲都被告知要留一把上膛的左轮手枪，如果阿拉伯人拿下这城市，就这样使用它：每个女儿一颗子弹，剩下一个留给自己。

在这黑暗死亡之阴影中，我们夫妻俩向神祷告。我们一起祷告：抵抗刚才告知你们的这情况，我不想听起来是民族主义或有偏见，我向各位报告我妻子祷告的内容，我听见她这么祷告："主，瘫痪阿拉伯人吧！"在宣布独立建国不久，战争发展进入到耶路撒冷哈加纳（Haganah），犹太志愿军要求我们的许可：是否可在我们的后院设立一个前哨，我知道不管我们是否同意反正他们都会设立，所以我有礼貌的回答好的，他们就驻在我们的后院，所以我们逐渐认识这些年轻的犹太男人。差不多将近两个月的战火之后，当联合国第一次要求停火，这些年轻人会到我们的客厅跟我们聊天，他们可说是身在战争的中心。

有一天，他们在客厅跟我们聊天说道："这真是奇妙，我们进到对战的一个建物或是某个地点，阿拉伯人的人数多过我们很多，且武器比我们又好又多，然而他们似乎无法做任何事，他们就好像瘫痪了。"

在我们自己的家中，那个年轻人用了莉迪亚祷告的这个特别词，你现在知道神有多美好？他不只是响应我们的祷告，他还让我们知道，他用最精确、真实、现代的方式响应我们的祷告。

斯大林的死亡

我继续往后移到1950年代，当时莉迪亚跟我是伦敦基督徒事工的督导，我们仍注意及关心犹太人民。在某个时机，我们从俄罗斯一个值得信赖的管道得知，斯大林计划对当地的犹太人展开一波新的迫害行动，那时我们并未直接涉入对俄罗斯的事工，然而如我所说，我们对神的选民一以色列很关心。常与我们一起祷告的某个小团体，以及我们知道另有一些在这个国家进出的其它团体，她们是被圣灵充满、对以色列有负担的人，所以我们同意订出一个特别的日子，代表在俄罗斯的犹太人作禁食祷告。

就我们所做的一结果是什么？从我们禁食祷告的那天起，不到两周，斯大林就死了。我们并没有要求神杀了他（你不必告诉神做什么，他知道。）但我确定你会同意斯大林的死表示俄罗斯政策的全然改变，我指的是"去斯大林化"的时代，从斯大林的死就开始了，为何是那时开始？我相信是因为我们祷告。

稳定繁荣的肯尼亚

莉迪亚跟我从1957到1961年曾在东非肯尼亚五年的时间，当时我们到不列颠东非那里指导某项事工，我们离开时它正从不列颠独立出来要分成三个国家。

这三个国家之一的肯尼亚确定在一年或两年内就可独立，这国家因茅茅（Mau Mau）的反叛变得四分五裂，我不打算详细描述这个叛乱政权，除了说这是你能想象最恐怖、野兽般的暴动。刚果（肯尼亚的西边）独立了，但在那之前即进入毁灭的内战，很多福音事工团从刚果逃出来到我们的事工站避难好一阵子。

那时所有的政治与社会专家都说肯尼亚会步向刚果的后尘，且有过之无不及。刚果的每个影响都牵动内部争斗与毁灭，就像是会在肯尼亚呈现，只不过会更严重。

在1960年这不稳定的情况时，莉迪亚与我及一事工团参加一个特会，有两百位年轻的非洲学生与老师，我们在一起大约一周，在周日傍晚举办这特会的最后一场主崇持续了四小时：传道团一个接一个讲道，主的圣灵大能运行，最后的两个小时不是由任何人掌控，而是圣灵的掌握。

在后来的那段时间，我有个感动：我们触动到神，而我们可支取他的能力，当我有这想法，我想以此为开端，我不是要批评灵恩活动（在那时我至少已是灵恩派十二年以上），但这想法进到我里面：现在让我们不要像灵恩派有时的作为：不要只用在自我满足、自我享受的里面，不要挥霍掉这个大能，让我们在神的旨意中支取、使用这大能。另外从经文来的一个想法——正如我之前在本书中提过——在这地的基督徒要对他们自己国家的命定负责。在这特会里都是一些年轻人，是刚摘下的庄稼，是肯尼亚的未来基督徒领袖，而他们的责任是为他们土地的未来祷告。

我起身要走向讲台，打算要挑旺这些年轻人一同为肯尼亚的未来祷告，当我往前走经过莉迪亚的旁边，她是坐在另一区，她伸出手来拦住我，我问道："怎么了？"她回答："告诉他们为肯尼亚祷告。"我答说："这正是我要去讲台做的事。"因为莉迪亚这么说，让我确知是在神的心意中。

当我来到台前，请那两百位年轻人安静一下，主要就是告诉他们关于基督徒的责任，为他们的土地、政府祷告。我说："我们现正与神连接，现在就是你们非洲百姓来为你们自己国家的未来祷告。"

然后我带领他们进入祷告—而且相信我，当他们祷告就有事发生，我马上就知道了，肯尼亚的属灵氛围改变了，再也不是祷告前那个时刻的肯尼亚了。

在讲台上站在我旁边的是一位年轻人，他是这次使命团的翻译，是这次特会的第一位讲员，他是我的校友且已经取得教师资格，当我们祷告时，他跪在我旁边，当我们结束时，他起身说道："我想告诉你刚才我们祷告时，神向我显现的事情。"（这么多年我一直保留着记述他说话内容的这份文件——写下来、标上日期，由这位年轻人签名。）以下是这位年轻人告诉我的话："当我们祷告时，我看见一匹红马非常凶猛的从东方朝向肯尼亚奔来，上面坐着一位非常黑的人，在他后面是其它的马——也是红色、非常凶猛朝向肯尼亚来。"（我觉得这年轻人可能从没读过先知撒迦利亚书，但圣灵给他的这幅图画，绝对跟撒迦利亚书一章7-8节描述的一样。）

再来他说道："当我们祷告的时候，我看到这些马转身往远离肯尼亚的方向去了，变成朝向北方，当我正想说这什么意思？神对我说话，他说：只有我的百姓祷告的超自然力量，能使朝向肯尼亚的艰难转向。"

我引用这位年轻人的话是因为如果你把肯尼亚改成你自己国家的名字，其它任何一个字都不必改，"只有我的百姓祷告的超自然力量，能使（用你自己国家名字代替）所面临的艰难转向。"

肯尼亚的事件结果怎样？从那些先知性的言语之后，几年时间过去了。每件事正如同神显示给那年轻人的一模一样：在肯尼亚独立不久，共产党员就计划企图接管整个国家，他们从东方马达加斯加岛过来，使用曾在古巴受训的人员，有些还是说西班牙语的，成功地进入肯尼亚的南方国家坦桑尼亚，但完全出人意外的是，肯尼亚的总统裘摩肯尼亚塔突然阻止并赶走他们，拒绝使这个国家被他们所控制。事实上，他非常强烈的反对共产主义，也拒绝俄罗斯与中国的渗透。他将他的一位重要首领以公开丢脸的方式免职，因为他涉及收受来自红色中国的贿款。今天大多数的评论家会同意：完全出乎大家意料之外，肯尼亚可能是二次战后非洲独立的将近五十个新国家中，最稳定繁荣的国家。

几年前我拿起一份伦敦时报的十六页副刊，全部都在报导独立后的肯尼亚，摘要一下他们的结论：肯尼亚是所有新兴非洲国家中是最有秩序、最成功、最有希望的。几年以后，我收到一封福音事工团朋友的来信，他们待过东非好几个国家，他们说："肯尼亚是最闪亮的地点，是扩张福音团的中心点。肯尼亚的政府对基督的事工活动十分友善，比这地区的其它国家好太多了。"

为什么这会发生？我相信是因为我们祷告，面对那些险峻的状况，我们如果不祷告就真的是愚昧至极，不是吗？我可以这样说吗？这对你也是如此，在你目前所面临的环境，你如果不祷告，你也就是一样的愚昧，是不是？

圣灵的重要角色

身为罪人，我们没有什么好的东西可以给神，除非他先给我们，我们自己本身没有任何值得给神的。在祷告中也是同样的道理，但大多数人未能了解，你没有什么是值得让你可以向神祷告的，除非靠着圣灵，神先给你；只有那样才有好的祷告。

> 况且，我们的软弱有圣灵帮助；我们本不晓得当怎样
> 祷告，只是圣灵亲自用说不出来的叹息替我们祷告。
> 鉴察人心的，晓得圣灵的意思，因为圣灵照着神的旨
> 意替圣徒祈求。（罗马书八：26-27）

这段经文提醒我们：就我们自己而言，真不知道如何祷告："我们本不晓得当怎样祷告"（罗马书八：26）若没有圣灵的话，我们是无法正确恰当的祷告，这是全人类所共有的软弱。我们能够有效的祷告，是因为圣灵的帮助，给我们祷告的话语。

容我解释一下圣灵的另一项工作：启示。你知道，你可以看着某些情况，但却没有见到，直到圣灵向你显示？你正看着某样明显的事物，但却没见到，直到圣灵光照。多年前有个特别的想法进到我里面，我正在想着世界局势，忽然想到一个巨大的拦阻：在无神论的共产主义下约有数以十亿的人，这阻挡

神对世界的目的，你也许有些巧妙的方式来解释，但我没有，对我来说它就是个拦阻——一大区块的拦阻，这状况并非神的带领，而是魔鬼的作为，请了解我不是带着成见或偏见的针对任何特定国家。

当我理解到这点，我对自己说："嗯！我们如何针对这拦阻来祷告？"立刻有个祷告进入我里面，就是大卫面对政治对立与迫害时的祷告，诗篇五十五篇9节的祷告："主啊！求你吞灭他们，变乱他们的舌头！"当我觉得被圣灵催促要为整个共产区块祷告时，我就用这节经文来祷告。实际上我大概这样做了好几年，我的祷告大约是这样：主啊！对于那些特意、有意反对你、你的基督、你的圣灵、你的话、跟你对世界的目的（在那时候我会指出那些国家名字），我祈求你，如同你仆人大卫的祷告："主啊！求你吞灭他们，变乱他们的舌头！"

我视此祷告为启示性的祷告，因为它直指整个状况的核心，若是他们的舌头变乱一彼此互相攻击，他们就无法管理好自己。

当我持续的以此祷告，我看到一些结果，首先俄罗斯与中国分道扬镳，他们花更多的时间来毁谤辱骂对方，无暇顾及世上其它国家。

而后再过一段时间我又看到，中国内部有非常严重斗争，我也看到在东欧的苏联卫星国家极力挣脱苏维埃政权（在苏联自己内部分裂达到顶点之际），我持续祷告："主啊！为你所做的献上感谢，你吞灭他们，变乱他们的舌头！"我相信神的仇敌彼此交战是因为我们用诗篇五十五章9节的祷告："主啊！求你吞灭他们，变乱他们的舌头！"

在祷告中抵挡

很多年前，甚至在越战冲突全面开始之前，我心里有个感动：这样的状况不可能是神的心意。此外我更感受到整个东南亚沦陷为流血、暴动、无神的共产主义不可能是神的心意，所以我自问：若是在越南的情况非神的心意，何不为此祷告？于是我领受这负担：为越南祷告，那时我还不是美国公民。下面几段我会详细说明我如何被指引祷告。

首先容我再次提醒你，在前面几章曾讨论过的总结如下：

> 无论在世界上的任何部分，只要圣灵指示我们要注意，我们有这义务持续抵挡撒旦的侵入。

只有在以下这个范围，我们所使用的每件属灵武器是有果效的，就是我们行使基督已经战胜执政掌权的胜利。我不需要制式的祷告来行使耶稣已经赢得的胜利。我会使用越南当做我如何祷告的范例。

我说："主啊！你认识东南亚，你知道在这看不见领域里的执政、掌权者，牠们统治、掌控且要毁灭，想把这国家带入血腥，并把整个区域都笼罩在属灵黑暗里面。主啊！我不相信这是你的旨意，奉耶稣的名，借着他在各各他完成的工作，基督已经击败这些执政掌权者，我站立对抗牠们，命令牠们退下，我对抗你——撒旦，奉耶稣的名，我更进一步宣告圣经里神的话说：若我抵挡你，撒旦，你就要从我面前逃跑了。"我相信那是神给我的指示，要以这样的方式祷告，这是一个好的模式，能用来为你自己的国家或是其它任何国家祷告。

请了解我不是在自我吹嘘，好像想到什么祷告，只祷告一次就能改变整个情况。在圣经里的命令是持续的现在式："务要抵挡魔鬼（持续地），魔鬼就必离开你们逃跑了。"（雅各书四：7）我相信你我都有义务持续抵挡撒旦的侵入。无论在世界上的任何部分，只要圣灵指示我们要注意，无论何时圣灵向我们显示那些正在发生的事不是神的心意，我们就有权柄支取基督的胜利，并要牠停止，不只是一个单一祷告，是有决心与毅力持续的祷告。

另外一点，不是单单祷告，而是需要一些加强说明，我们需要认知不会只靠自己就把事情解决，我是这么相信，而且我们禁不起失败，因为我们所要战斗的下一个战役非常接近核心一在物质界与灵界都是。

国家：我们的产业

为要扩张我们在这主题的视野，让我以诗篇第二篇来说明。我之前讲到我们的代表耶稣在十架上遇见撒旦，击败他且重生时曾提出这些经节。我们要知道耶稣是我们重生的首领，他是从死里复活，从神而生的头生子，是世界的主宰、统治者，是万王之王。在下述经文就有这先知性的预言，然而人们却拒绝耶稣，呼喊着："把他钉上十字架、谴责他、把他送上十架、把他封在坟墓里。"这就是神说的：

> 我已经立我的君在锡安—我的圣山上了。受膏者说：
> 我要传圣旨。耶和华曾对我说：你是我的儿子，我今
> 日生你。你求我，我就将列国赐你为基业，将地极赐
> 你为田产。（诗篇二：6-8）

基督借着他的死与复活的根基，国家、外邦人、到世界的极致都成为他合法的产业，然而我相信经文中并没有要耶稣做所有的事，身为基督的身体——教会，我们有义务要求父神在这国家中赐下基督合法的产业，在祷告中应用各各他的胜利，打开整个外邦世界之门——整个未得福音之地，得以听见耶稣基督，并有机会接受他为救主，献上冠冕给他。

高声赞美

在诗篇一四九篇我们看见在属灵争战中，相对于神百姓的能力与责任的另一启示：

愿圣民因所得的荣耀高兴！愿他们在床上欢呼！愿他们口中称赞神为高，手里有两刃的刀。（诗篇一四九：5-6）

圣民总是"荣耀高兴"，当荣耀降下来，百姓就欢喜。

请注意这里提到两个属灵武器：赞美与两刃的神话语，我们如何使用呢？

为要报复列邦，刑罚万民。要用链子捆他们的君王，用铁镣锁他们的大臣；要在他们身上施行所记录的审判。他的圣民都有这荣耀。你们要赞美耶和华！（诗篇一四九：7-9）

你清楚看见荣耀或特权都是借着耶稣基督归给神的所有圣民吗？借着高声赞美、祷告、神话语锐利的两刃刀，我们可以对这世界黑暗势力的统治者执行神的审判——以祷告来用链子捆、铁镣锁，牠们的王国就毁坏，牠们的俘虏就得释放、得自由，他的圣民都有这荣耀，你是其中一位圣民，你有权参与这活动："在他们身上施行所记录的审判。"

我们在约翰福音第十二章看见这真理的确认，耶稣说：他将在十架受死，在31节，他表示借着他钉十字架要成就的胜利，其中一项是现在这世界受审判，这世界的王要被赶出去。

> 藉着高声赞美、祷告、神的话语，我们可以对这世界黑暗势力的统治者执行神的审判。

这世界的王要如何被赶出去？我们在约翰福音十二章32节找到答案："我若从地上被举起来……。"这世界的统治者如何被赶出去？借着十架。

请明了借着十架这世界已经被带到神的面前审判，世界的王已经被赶出去，借着基督代替我们所做的，他的宝血赎罪、胜利的复活，靠着这样的基础，这世界的王已经被赶出去了，因为耶稣升上天，他使你我为他运用这个胜利得到产业，并把我们灵界的敌人赶出去。

使撒旦紧张

耶稣对神百姓对抗仇敌的能力作了以下的陈述：

我还告诉你，你是彼得，我要把我的教会建造在这磐石上；阴间（地狱〔kjv〕）的权柄，不能胜过他。
（马太福音十六：18）

大多数基督徒会如此诠释这段经文：嗯，我们正在这被包围攻击的城里，神若真是对我们好，这门便撑得住，撒旦无法进来。若这是你对这段经文的了解，那真是错的离谱，真实景象跟这看法刚好相反：当教会建造在这磐石上，也就是在耶稣基督上，便可以去攻击地狱的权柄，地狱的权柄无法抵挡教会。

我们看见对亚伯拉罕及他后裔最伟大的弥赛亚应许之一，是在创世记廿二章17节："你子孙必得着仇敌的城门。"我们就是子孙，借着在耶稣基督的信心是"亚伯拉罕的后裔"（希伯来书二：16）我们有合法经文的权柄去攻击地狱的城门，奉耶稣的名去击败、俘虏牠们。

最令魔鬼害怕的事：就是圣民发现这项事实，去执行。如同我们在前几章所讨论：这是撒旦防守最严密、最怕人知道的秘密，最怕你我知道的真理。这是我们要作的决定，在我们的力量里支取基督已经击败仇敌的胜利，我相信天上、地狱都等着我们去做这事。

你呢？你打算做些事吗？你若对这问题的回答是肯定的—如果你想把这真理付诸行动—请照下述大声宣告：

主啊！我相信透过耶稣死在十架上已经战胜仇敌，得

到胜利，我宣告现在由我与你的圣民借着耶稣得胜凯旋的力量去击败执政掌权者，这是从耶稣的凯旋所获得的。

在你的力量中，借着你的灵我会走在凯旋大道，得回世界国家的产业，靠着耶稣宝血的大能在我们的面前赶走仇敌。阿们！

第十四章

坚持到底

本章我想带入两个主题，第一个我们已经讨论过，耶稣基督是"末后的亚当"（哥林多前书十五：45）也是"第二个人"（47节），在神圣的计划里，耶稣是一族类的结束，也是另一族类的开始。身为末后的亚当他把所有亚当族类的罪、过犯、谴责、所有的失败都担在自己的身上，借着他赎罪的死补偿了所有亚当族类的罪，靠着他的复活进入全新的生命，他开启新族类的道路，而他是元首。

使徒彼得写道："愿颂赞归与我们主耶稣基督的父神！他曾照自己的大怜悯，借耶稣基督从死里复活，重生了我们，叫我们有活泼的盼望。"（彼得前书一：3）当我们借着相信他、认同他、因着他的死，进入他的复活而跟随他，我们成为这新族类的一份子。

这新的族类称为"一个新人"（以弗所书二：15）神命定这个"新人"来完成亚当未能完成的目的，亚当是以神的样式与形象创造，来显示神在创造的样式，并代表神行使神的权柄，亚当是被创造来行使统治权，然而他失去他的领土，成为撒旦的奴隶，当他顺服魔鬼而非神的时候就犯罪了。

链接两个主题

主题1：重得我们所失去的

耶稣已经完全处理亚当失败的事件，这是很重要的事。我们要知道这点：当耶稣复活后向他的门徒显现，说："天上地下所有的权柄都赐给我了。"（马太福音廿八：18）他主要就是说："你所失去的我已经得回。"

在这基础上他更进一步说道："所以，你们要去，使万民作我的门徒。"（马太福音廿八：19）换句话说"执行管理我的权柄，显示我的能力，完成我的目的，我将要回到天上，差遣另一位保惠师就是圣灵来取代我的位置，当你们在他的能力中领受他，你会在他的指示与领导下完成首先亚当未能做成的事，你会是我看得见的代表，你能说我说过的话。""人看见了我，就是看见了父。"如同我照我父的旨意做，你也照我的旨意做，如同我见证父，是住在我里面的父做的，你也要见证我是基督，住在你里面做成这工，我对你们所说的话不是凭着自己说的，乃是父给我的话，你们也要见证。""我们不是凭着自己说话，乃是基督给我们的话。""这就是我的计划，我父怎样差遣了我，我也照样差遣你们。"（请参考约翰福音五：30，十二：49，十四：9-10、12、16-17，廿：21）

我们身为耶稣的门徒，是基督的使者。哥林多后书五章19节宣告这真理："这就是神在基督里，叫世人与自己和好，不将他们的过犯归到他们身上，并且将这和好的道理托付了我们。"第20节开始说："所以，我们作基督的使者……"我们是耶稣基督的代表，有着特别的权柄，是从天堂政府派下来完成天堂的旨意。

我想把第一个主题与第二主题链接起来，我会尽可能把教导讲得很实际，这些年我得到一个结论，如果一项真理无法实际应用出来它就不是属灵真理。神不想提出任何没效的东西，相反地，任何神不推动的就不会有效。神是整个宇宙里最实际的，只要是他应许的、他提出的就一定会有用。

> *我们是耶稣基督的代表，有着特别的权柄，是从天堂政府派下来完成天堂的旨意。*

主题 2：带百姓从荒废到恢复

第二我想要专注在这主题一从先知约珥来的：恢复取代荒废。就我所知约珥是圣灵浇灌所有有血气的末日时代先知，彼得在五旬节的日子所引用的正是约珥书："这正是先知约珥所说的：……在末后的日子"（使徒行传二：16-17）从这几句话，他把约珥先知的预言带到末了的日子，接着在第20节彼得说这些会在"主大而明显的日子"之前发生，"日头要变为黑暗，月亮要变为血"，用彼得的话就是我们发现约珥的预言是指世代的末了。

初代教会所降下的是秋雨，今日所降下的是末后的雨一春雨，紧接着收割之前，这是非常清楚的。我相信任何教派都清楚这具体而微的教会历史纲要，回顾二十世纪，我绝对相信我们是在春雨的日子，就是约珥所说大浇灌的日子。

如果要用我自己的话总结约珥的主题，我认为就是荒废接着恢复接着审判。这场景开始于全然的荒废，亦即你能想象出来最荒凉的景象，当你读约珥书的第一章你看到草木不生。

接着在第二章就出现应许："我要补还你们……"（约珥书二：25）这恢复是由圣灵浇灌而有果效的。

在第三章我们看到这些话语：

许多许多的人在断定谷，因为耶和华的日子临近断定谷。（约珥书三：14）

圣灵浇灌把人带到神的审判，当圣灵已经浇灌就没有任何中立的空间，这是为何有这么多人对圣灵退缩逃避，因他不容许中立。

当神的圣灵运行时，你必须作出决定，这是在世代结束前将要发生的。所有国家的许多人会被带到断定谷，除非他们作出决定，不然无法离开断定谷。

决定很简单：与耶稣基督一起或是对抗他一就是这样，耶稣说："不与我相合的，就是敌我的。"（马太福音十二：30）

恢复的平行

你注意到在约珥预言的最前面有两棵"树"：葡萄藤与无花果树。这两种树是神地上百姓的两种类型：葡萄藤代表教会，无花果树代表以色列，这观点与耶稣的话有十分清楚的联结。

耶稣又设比喻对他们说："你们看无花果树和各样的树（耶稣是指约珥书在第一章12、19节讲到'田野的树木'）；它发芽的时候，你们一看见，自然晓得夏天近了。"（路加福音廿一：29-30）

荒废结束，收割快到。几年前神告诉我他已开始恢复这两棵树，且在时间上是平行的进行。就在我们开始听到前一波圣灵浇灌教会，也听到以色列的恢复，真是奇妙有趣。1897年在瑞士巴赛尔举办第一次锡安主义世界大会，1904年锡安主义的创始者西奥多．赫茨尔逝世，他被称为有远见、有梦的人，他说："在五十年之内，你们的梦想会成真。"

赫茨尔是对的，从他去世到以色列国独立共花了四十四年，如果你有兴趣寻找轨道，你会看见神的两种百姓如何一步步的恢复——政治、国家方面的以色列和属灵方面的教会。

神也向我显示引起荒废的原因，有一天我正在默想教会的情况，特别思考到对我讲道的某些响应，例如当我讲到饶恕，至少有一半的基督徒站起来承认他们需要饶恕；在一些大型教会聚集时讲到释放，大概会有3／4的人表示他们需要释放，通常我得到的响应大概是2／3，我自问：这是教会的真实景况吗？事情真的是这样吗？

重得产业

当我正默想这些经历时，神进入我心中清楚对我说：你传讲约珥书始于荒废时，你是否曾停下来思考造成荒废的原因？我在脑海里回答：不。但我现在懂了——一群昆虫大军入侵。约珥书二章25节："就是蝗虫、蛹子、蚂蚱、剪虫"（约珥书二：25）。在这段经文中神说牠们是"我打发到你们中间的大军队"，神再次清楚的对我说：仇敌的武力有系统的渗透我的百姓。

这是无庸置疑，一旦你看到证据真的是昭然若揭。邪灵的入侵势力有系统地渗透耶稣基督的教会，使教会受损伤，但当圣灵来，牠们就会逃跑。感谢神，牠们在出去的路上——尽管不高兴、不愿意、但正出去中。

然后神给我另一个看见：你看见我的百姓以色列，在这一千八百多年来离我所给他们的产业有多远？我对历史够了解，知道犹太人离开以色列神所给他们的产业流亡各地，超过一千八百年。主对我说：就我看来，教会离开他们的属灵产业，就像以色列离开他们的政治产业一样远。

我们都知道以色列要拿回他们的土地有多远的距离，教会也是同样的旅程，以色列要挣扎、牺牲、冲突才能拿回产业，教会亦然，也要经过战役才能得回产业。

> 以色列要挣扎、牺牲、冲突才能拿回产业，教会亦然。

教会在恢复当中所扮演的角色

针对圣灵的运行，教会在未来的日子中所扮演的角色，我想要建议的关键词是恢复，教会已经有过改革，不能再仅是改革，现在只有一个授予的目标一恢复，对教会来说改善是不够的，仅是在人的方法与系统贴上补丁，还是不够。我们必须让神恢复他神圣的模式、目的、次序一这是神唯一感兴趣的行动。

这项观察可能吓到你，但我坚定的认为神对复兴任何宗派没兴趣，我说这话并没有任何否定或是批评，只是单纯的陈述一项事实：若只想把圣灵的浇灌用在他们自己的宗派，就完全错失神的目的，他是要恢复耶稣基督的身体，是要召聚流离在各地、各方、各国的羊群，他宣告在这世代的末了是合成一群，归一个牧人了，（请参见约翰福音十：16）那就是神的目的。

创世记中写道："……直等他（就是弥赛亚）来到，万民都必归顺。"（创世记四十九：10 KJV）我们不是聚集在一位人类的领袖、机制或是组织，我们是合而为一，集结于教会的头一就是主耶稣基督，这就是神的目的一恢复。

我们知道主耶稣基督赐下权柄与责任给我们来执行他对世界的目的，我们不是被动地坐在旁边说："嗯，主会做。"我们要亲密的涉入他的目的，耶稣教导我们要认同神国，他在主祷文里说："你的国降临"（马太福音六：10）然后，给我们这个道理一亲密的涉入国度的计划："你的旨意行在地上如同行在天上。"（第10节）

你相信神的旨意能完美的行在地上如同行在天上吗？很明

显是可以的，耶稣说我们可以为此成真祷告，但亲爱的朋友，若是没有你我这事不会发生的，我们与此相关，这是我们的责任："你的国降临，你的旨意行在地上（借着我）如同行在天上。"

你想要认同神国并让神的旨意在地上行出来吗？何不让神知道你的心意？你可以使用下列简单的祷告文向神表明：

主啊！我想成为你的使者，我想成为世上和解的媒介。借着你的帮助，我要在你的工作上加入你百姓行列，在荒凉的土地上带来恢复。主啊！请帮助我直到末了。阿们！

第 十 五 章

"大量恢复"的武器

我们前一章的讨论跟恢复有关，现在我想专注在一个很少会引起信徒说"哈利路亚"或是"阿们"的题目，为什么？因为本章我们要学习的是禁食，这是神给他百姓有效恢复的主要方法。

借着禁食，我是指特意为了灵里的目的，在某段时间不吃食物。通常禁食并不表示也不喝，虽然有时会有这样的例子，例如摩西有两次四十天不吃也不喝的禁食，以利亚也曾如此。这种型态的禁食是超自然的，我不会推荐大家。我绝不会建议你超过七十二小时不喝，这是我个人意见，我认得一位主里的弟兄，他曾有过十七天不吃不喝的禁食。然而除非你要进入超自然的领域，否则我不建议这种方式。路加福音四章2节告诉我们耶稣禁食四十天日子满了，他就饿了。并没有说他渴了，这表示他没有进食，但没有不喝。

我有位朋友做过四十天的禁食（有喝水），所以这是完全可行的，但我不建议一开始就考虑这样长时间的禁食，自己先设定一个小目标然后达成，这样会比较有成就感，比设定一个大目标但却未能完成的好。即使只是禁食两餐，就能非常有果效。禁食主要的重心一如我们为神所做的其它纪律行为一样，就是我们的动机，你可以为错误的动机禁食四十天，却没有得到任何结果，除了觉得可怜跟有些消瘦。

神拣选的禁食

在经文中我们看到神所拣选的禁食有大能的启示：

我所拣选的禁食不是要松开凶恶的绳，解下轭上的索，使被欺压的得自由，折断一切的轭吗？不是要把你的饼分给饥饿的人，将飘流的穷人接到你家中，见赤身的给他衣服遮体，顾恤自己的骨肉而不掩藏吗？这样，你的光就必发现如早晨的光；你所得的医治要速速发明。你的公义必在你前面行；耶和华的荣光必作你的后盾。那时你求告，耶和华必应允；你呼求，他必说：我在这里。你若从你中间除掉重轭和指摘人的指头，并发恶言的事，你心若向饥饿的人发怜悯，使困苦的人得满足，你的光就必在黑暗中发现；你的幽暗必变如正午。耶和华也必时常引导你，在干旱之地使你心满意足，骨头强壮。你必像浇灌的园子，又像水流不绝的泉源。那些出于你的人必修造久已荒废之处；你要建立拆毁累代的根基。你必称为补破口的，和重修路径与人居住的。（以赛亚书五十八：6-12）

　　首先容我指出以赛亚书五十八章：神把一些特定形式的禁食放在一边认为是完全无效的，这种禁食的动机是错误的，所参与的百姓关系也是错的，是"互相争竞，以凶恶的拳头打人。"（以赛亚书五十八：4）这仅是外在的宗教仪式，就像是人点头如芦苇摇曳以及有些特定的动作，神说：你若想让你的声音在这高处得听，不是那种禁食方式。

　　若你熟悉传统犹太教，上面的描述正是他们生动的祷告画面，我这样说并不是要批评他们，但他们会坐在那里用希伯来文重复祷告好几个钟头，这是事实，他们很多人并不真的了解这些祷告文，但当他们重复这些祷告时，他们的头来回摇晃不停，就像芦苇在风中来回摆动。

在上面叙述中神是说："若想要引起我在天上的注意，那种类型的祷告必定出局。你们彼此的关系是错的、动机也是错的，这只是外在的仪式，是你们根深蒂固的传统，但并不会使你更接近我。"

神开始说他可接受的禁食目的与动机，坦白说，当我读到以下的应许时想说："我要进入这，让我们一起检视这些应许。"

> 这样（如果你照建议方式禁食的话），你的光就必发现如早晨的光；你所得的医治要速速发明。你的公义必在你前面行；耶和华的荣光必作你的后盾。那时你求告，耶和华必应允；你呼求，他必说：我在这里。你若从你中间除掉重轭和指摘人的指头，并发恶言的事……（以赛亚书五十八：8-9）

会发生什么？你就会有神在身边一夫复何求？

> 耶和华也必时常引导你，在干旱之地使你心满意足，骨头强壮（你想要神时常引导你吗？这是其中一个秘诀）。你必像浇灌的园子，又像水流不绝的泉源（在你四围有干旱，但你却有活水泉源在你里面）。（以赛亚书五十八：11）

以赛亚分享神所拣选的禁食有这些应许的能力之后，讲到这关键思想：

> 那些出于你的人必修造久已荒废之处；你要建立拆毁累代的根基。你必称为补破口的，和重修路径与人居住的。（以赛亚书五十八：12）

请注意那些实行神所拣选的禁食会带来恢复，这人会堵住破口、重建神葡萄园被毁坏的四周围篱。

站在破口

在以西结书廿二章30-31节，神说到他的百姓以色列在某个特定时代：

> 我在他们中间寻找一人重修墙垣，在我面前为这国站在破口防堵，使我不灭绝这国，却找不着一个。所以我将恼恨倒在他们身上，用烈怒的火灭了他们，照他们所行的报应在他们头上。这是主耶和华说的。

神在这里说得十分清楚：如果我可以找到一个人使我转离怒气，只要有一人愿意站在这里堵住破隙，称做补破口的，但我找不到一个。

然而我们读以赛亚书五十八章，神说有个方法，你可以成为补破口的和重修路径与人居住的。你可以建立累代的根基，恢复久已荒废之处。

你看到耶稣基督的教会现在就像以色列的土地一般荒凉，全部都是荒废已久之处，是累代的废墟。在尼西米时代的百姓一定问过关于耶路撒冷这破旧城市的问题：这些残败混乱的地方能再建立一个城市吗？同样的，我们问："这些教会废墟能再恢复吗？"我们在以赛亚书五十八章12节看到答案，那些根据神的指导禁食的："你要建立拆毁累代的根基。你必称为补破口的，和重修路径与人居住的。"

> 你要建立拆毁累代的根基。你必称为补破口的，和重修路径与人居住的。

这是我个人的信念：没有任何例外的，这人的服事若能对数代的人造成冲击，他一定是个禁食祷告的人。在本书有限范围内是不可能把这些人的名单完整讲清楚，但我想提这两位值得注目的人。

约翰卫斯理（John Wesley）

早期的循道教派是一群禁食与祷告的人，他们的会众对禁食视之为理所当然。卫斯理明确地说一个每周不禁食两天的人，他是不会按立他为循道教派的传道，他们每星期三、五都禁食到下午四点钟。

我不是说禁食是我们唯一需要的纪律，然而我要指出：神的百姓知道在任何地方都有力量、能力的秘诀就是禁食。

查尔斯芬尼（Charles Finney）

芬尼会到森林领受与神荣耀的对话及圣灵的洗礼，在那个时刻他被赋予超自然的能力。

在芬尼的服事中，无论他到哪里人们就会相信罪并回转归向神。他在自传中说："当我发现自己能力空虚，我会花一天或是两天到森林中禁食祷告，能力就恢复，我便能再回到服事中。"

我的禁食经验

有些人视禁食如洪水猛兽，对我而言，当我发现这个能亲近他的方式时，是多么感谢神。在我得救并受圣灵的洗之后，圣灵立刻就教导我关于禁食这门课。我当时在北非沙漠的英国军队里，没有教会，身边也没有任何人认识神，也没有可去寻找的传道牧师，我只有圣经与圣灵，在没有任何计划下便开始固定在每周三禁食。

那地区主要是伊斯兰教世界，伊斯兰教每年会禁食一个月，称为斋戒月。那段期间他们白天不进食。传统的穆斯林每天从日出到日落都不吃，连他们的牲畜都不喝水，整个斋戒月均是如此。我住在苏丹的一个严格的伊斯兰教区域，我注意到他们一滴水都不碰，即使天气通常超过华氏100度（摄氏约38度）。英国的军人知道我周三禁食，就称周三是斋戒日，因为他们知道我在那天不吃东西。我这样做并非要让其它军人看见，但是当你跟八个人住在沙漠的卡车上，你们一起做每件事——一起睡、吃、还有其它所有的事——你不吃东西就显得引人注目。

我不想让你认为禁食能使你获得任何事，并不会，若不是神的旨意就不会。若事情不在神的旨意中，就无法透过神的方式让你得到。例如大卫王因通奸的缘故，有一个儿子受到重击，他病得很重快死了，大卫虽禁食一星期，然而儿子还是死了。神说这儿子会死，大卫无法借着禁食改变神的审判或是他的话，所以若你想得到的事物是错的或是不在神的旨意中，禁食也不会令你得到。

但这有另一层意义：在神的旨意中，有些结果是要靠着禁食才能得到，它们在那里，神也把它们提供给我们一但唯一得到的方式是借着禁食与祷告，尤其，我相信那远离产业的神的百姓，回转的关键步骤就是禁食。

第 十 六 章

改变历史的人

当我们继续在本章讨论禁食的大能是神赐给他百姓的一项属灵武器时，我想要从旧约中几个生动的例子来说明这项真理。首先让我们来看撒母耳记上这段经文讲到基列？雅比的人民：

> 将他们骸骨（扫罗与他的儿子们在与非利士人的战役
> 中被杀）葬在雅比的垂丝柳树下，就禁食七日。

（撒母耳记上卅一：13）

七天的课程

我先前提到，在 1950 年代早期，我们在英国伦敦有一个事工，神向我显示为了这事工，我应该要禁食。所以在 11 月我开始七天的禁食，如你所知在英国 11 月份是相当寒冷、潮湿的。我记得大概七天才过了一半，我的手脚冰冷，我觉得真是悲惨至极，说真的那时我怀疑自己是否会死掉。

我自忖：也许我做得太过火、也许这是宗教狂热……而魔鬼正在那里鼓噪我心里的怀疑（魔鬼最爱警告我们不要过于宗教狂热）。正当我为这想法挣扎时，我看到眼前已打开的圣经，这节经文讲到基列？雅比的人民"禁食七日"（撒母耳记上卅一：13）。立刻，彷佛天堂的电力充满我的身体，从头顶到脚底，我说："如果他们可以办到，我也可以。"我宣告我能做到——我确实做到了，你也可以。（除非你有身体的限制，不过，你还是可以禁食——但不是因为我告诉你要这样做，而是让神带领你。）

不过这事并没有这样结束，神带领我更进一步检视这段经文，他指示我应该思考撒母耳记上与撒母耳记下中的事件在历史发展的轨道有何不同，我做了，而这真令我吃惊。

撒母耳记上是往下沉沦的趋势，这卷书说到不顺服、战败、分裂、灾难——这是撒母耳记上的摘要。在这卷书的末了，以色列正面对有史以来最绝望的景况。他们受膏的君王被杀，他的儿子们也被杀了，他们的军队在战场上被击败，他们是难民（很多人逃到东边的约旦去了），而非利士人入侵占领了他们的土地。此外，在大卫王住过的特别的城市——洗革拉，当他不在时也被亚玛力人侵入、攻破、用火焚烧，大卫的家人、财物全被掳掠一空，他什么都没有了，以色列从未有过这样的危险状况。

相反的，撒母耳记下是一卷恢复、重新合一、胜利、征服的书。描述的状况是跟撒母耳记上完全相反。向下沉沦的状况整个翻转改变过来，这转化是在两书之间发生的。所以主对我说："在撒母耳记上最后一节经文——基列？雅比的人民'禁食七日'就是解释。"这就是改变历史事件轨道的原因。当神百姓变得认真完全在禁食中寻求神，历史的轨道总是会改变。

> 当神百姓变得认真在禁食中寻求神，历史的轨道总是会改变。

神的百姓要在这里改变历史，如果我们不做任何事，我们就会令神失望，我们是世上的盐，我们要对世界有影响力——一种独特的影响力。耶稣说我们若没有这样做，就像是失了味的盐，那么我们"以后无用，不过丢在外面，被人践踏了。"（马太福音五：13）

那表示你与我，如果我们不是改变历史的人——如果我们在小区、城市、国家以及世界没有发挥我们的影响力—我们就是失了味的盐。如我所说，我相信想绊倒我们的人不远了，大概有十亿的人预备等着绊倒我们。

带来恢复的神圣器皿

但以理

我们现在继续检视禁食在世界历史上所扮演的重要角色，我们将看几个圣经里的人物，先从但以理的生命开始。请记住我们在这章研读的是在圣经内文中的关键人物，他们是带来恢复的神圣器皿，如我更早之前所指出，这些人每一位都有禁食。

临到神百姓的最严重灾难之一就是成为巴比伦—波斯的俘虏，在这段被掳期间启动灵里恢复过程的就是但以理，在但以理书第九章我们读到下列经文：

> 米底亚族亚哈随鲁的儿子大流士立为迦勒底国的王元
> 年，就是他在位第一年，我—但以理从书上得知耶和
> 华的话临到先知耶利米，论耶路撒冷荒凉的年数，
> 七十年为满。（但以理书九：1-2）

但以理从研读耶利米写下的话语明白耶路撒冷的荒凉会持续七十年,他知道这年数即将满足,所以他怎么做?他坐下说:"现在不是很棒吗?不久,我们就要得着恢复。"不!他认同神的目的。

我们需要了解:神向我们启示他的计划不是给我们不做事的借口,而是挑战我们去参与。但以理选择这么做。事实上他说:现在我知道要献上自己为什么祷告——以成就这个神圣目的。

> *神计划的启示不是给我们不做事的藉口,这是挑战我们去参与。*

但以理清楚的知道他要参与以完成神的目的,他会与神国的到来有份,他是神的器皿,借着他,神的旨意能完美的行在地上如同在天上。

> 我便禁食,披麻蒙灰,定意向主上帝祈祷恳求。我向耶和华——我的上帝祈祷、认罪,说:"主啊,大而可畏的上帝,向爱主、守主诫命的人守约施慈爱……。(但以理书九:3-4)

在九章23节但以理做出了响应,我们不会在这段说明整个过程,然而无庸置疑,是但以理的祷告与禁食成为神使用的属灵器皿,来启动以色列从被掳得释放、得恢复。

同样的原则对你我也是如此真实。亲爱的朋友，当我们看见神的话语中，他将要移动、恢复、浇灌他的圣灵，我们可不要袖手旁观说："这不是太棒了吗？"我们当说："我要认同这目的，这是我要献上的祷告与禁食，使用神赐给我的每种方式，我要认同神的事工。"那就是我们如何参与在神恢复的工作里面。

以斯拉

我们继续看圣经里下一位伟大的恢复者，我们来到以斯拉记，在第八章我们发现一个非常有意思的情形：波斯王任命以斯拉带领一群流亡百姓，把所有属于圣殿的圣洁器皿带回到耶路撒冷，他们把一些独特、价值连城的金器银器运送回去。

所以以斯拉与这群回归百姓—男人、女人、小孩—他身怀奇妙贵重的金银器皿，要走过漫长的旅程，经过坎坷崎岖的乡野，有盗贼、武装抢劫、掠夺，他如何能安全的走过？要用什么方法？你可以看到以斯拉面临一个抉择：他可以使用属灵的方法或是血气的方式，他的决定记录在以斯拉记八章：

> 那时，我在亚哈瓦河边宣告禁食，为要在我们神面前克苦己心，求他使我们和妇人孩子，并一切所有的，都得平坦的道路。我求王拨步兵马兵帮助我们抵挡路上的仇敌，本以为羞耻；因我曾对王说："我们神施恩的手必帮助一切寻求他的；但他的能力和忿怒必攻

击一切离弃他的。"所以我们禁食祈求我们的神，他就应允了我们。（以斯拉记八：21-23）

在第31节我们看见他们完成了历史性的使命：

正月十二日，我们从亚哈瓦河边起行，要往耶路撒冷去。我们神的手保佑我们，救我们脱离仇敌和路上埋伏之人的手。（以斯拉记八：31）

请注意，有许多仇敌及人们等着，但以色列人却能免于他们的伤害。为什么？因为在他们开始旅程之前就已经在属灵领域得到胜利了，再一次说明：以斯拉有两种方法可以选择，他可以请求王派一团军队与骑兵护送他们安全抵达，然而以斯拉把自己放在当中，借着他的见证，这是见证的其中一项好处，当你作见证时必须无愧。

以斯拉告诉波斯王："我们有一位神，他看顾他的仆人，他保护、看顾、保守我们，他拥有所有的能力，他不仅是以色列的神或是埃及地的神，他是全地所有国家的神，他们都在他的手中——他们都在他的掌握中。"

所以，当王说："带这群百姓回到耶路撒冷。"以斯拉明了他不能就这样到王面前说："可以请您派一团军队与骑兵给我们吗？"靠着他自己的见证，他必须限制自己用属灵的方式

来完成他的使命，方式是什么？"我们禁食祈求我们的神。"（以斯拉记八：23）

我想提醒你，有件事非常特别：当你在属灵领域得胜，你就已经得到胜利一就这样，只需如此。属灵的胜利是所有事情的决定因素，知道如何介入灵界领域的人，成为人类事件的关键者。这就是为什么基督的身体是关键因素——只有他们有这方法："我们争战的兵器本不是属血气的，乃是在神面前有能力，可以攻破坚固的营垒。"（哥林多后书十：4）那就是神把我们放在这里的原因。

我也要说这点，正如同我自己的见证：我只要采取任何主要行动或任何重要委身，我一定会禁食祷告，否则我会害怕作这些决定。莉迪亚跟我常带着我们年幼的孩子们一起，从这地到那地，这洲到那洲。我可以见证说以斯拉的神是我的神，在他完全没有改变。在禁食祷告中寻求他，他会看顾你，他会开道路，他会保护你跟你的小孩，这真是奇妙。

> 知道如何介入灵界领域的人，成为人类事件的关键者。

尼西米

另外一位经历恢复过程的伟大人物是尼西米，当他听到耶路撒冷的城墙拆毁、城门被火焚烧时，他怎么做？

> 我听见这话，就坐下哭泣，悲哀几日，在天上的神面
> 前禁食祈祷。（尼西米记一：4）

我们不会在这里叙述尼西米的整个故事，我只想呈现他的禁食祷告在恢复过程的重要性。

以斯帖

再来是禁食祷告中最杰出的例子，以斯帖的故事。在被掳时期她与许多其它犹太人住在波斯帝国的统治之下，请注意这故事也是展现恢复的过程。

在以斯帖时代有个特别的人名叫哈曼，他是撒旦的一种类型，是神百姓的敌人。这个邪恶的人从波斯大皇帝取得了一项敕令：在这个国家每个省份的某个特定日子要杀掉所有的犹太人。

灵界的冲突伴随着这整个故事的发展，举例若你研究哈曼的行为，你会发现他掣签来决定屠杀的何月何日为吉，换句话说他是在寻求他的神指引——就是在看不见领域中的邪灵——把牠们拉到他这边，所以他能找出最佳时间来摧毁以色列人。说实在，哈曼比希特勒更接近这个目标，因为他设法得到真正敕令：规定在波斯的127个省在同一天杀掉所有犹太人，这是命令，没办法不做。

末底改是一位犹太领袖，他每天都出现在王的朝门，听到这敕令，就穿上麻衣——这是一个禁食与悲伤的记号——跑出去到城中街上。皇后以斯帖是末底改的堂妹，在她父母去世后是末底改抚养她长大，她便送衣服给末底改穿。末底改说："不要提供我衣服，我想持续穿着麻衣。"以斯帖就送讯息给他，询问有什么麻烦，他的回答是这样："以斯帖，你在一个独特的位置，你可以直接对王说话，你去找他取得一项敕令，改变你同胞的命运。"

以斯帖回复给末底改的讯息说："但你知道法令：任何人未经宣召就跑到王面前，是可能被判死刑的，除非王向他伸出金令牌。"末底改回复："你没有别的选择，那就是你在这里的原因。"以斯帖回复："好的，如果我死就死了吧！我与这事同死或同活。"以斯帖的态度就像是在启示录十二章11节提到的信徒一样："……也不爱惜性命。"神就是在寻找这样的人：向他委身、相信他，自己或生或死都不重要。

以斯帖对末底改说："去招聚书珊城所有的犹大人为我禁食三昼三夜，不吃不喝；我和我的宫女也会这样做。然后我会进去见王。"（请参见以斯帖记四章）

第四天以斯帖没有穿上麻衣，其中一个原因是没人可以穿着麻衣到王的面前，但更重要的是这显示以斯帖在她进去前已经得胜了。她穿上美丽的衣服以王后的身份进去，当王看见她，他的心就转向她，他伸出金令牌说："你要什么？以斯帖

王后，你有什么请求？我都会赐给你。（请参见以斯帖记五：6）

以斯帖就是耶稣基督教会的一种类型，是我们这时代的类型——与我们在以斯帖记第一章所看到的完全相反，你会发现之前有个王后名叫瓦实提：与现代官僚化的教会非常相像，瓦实提有她自己的计划，当王要找她让他可以在他的宴席上向宾客显示她的美丽时，瓦实提拒绝他的邀请，说："我有我自己的宴会。"（请参见以斯帖记一：9-12）

这不是正像教会一样吗？"别打断我，主啊！请圣灵不要靠近我，我们有我们自己的计划。"当瓦实提拒绝出席，王就变得极为愤怒，宣布说：这王后永远不准出现在他面前。

结果瓦实提被放逐，以斯帖变成王后，她经过一连串的预备过程——六个月的没药油以及六个月的香膏与美容过程。同样的耶稣基督的新妇也需这样的预备过程，有些会用没药（代表艰难的环境），有些则是用甜的香料，但是以斯帖完全顺服王的太监希该，他可说是圣灵的某种形式，只要希该所派定给她的，她别无所求，她不要任何额外的装饰、额外的肉体的吸引力，没有自己血气的计划。她到王的面前，正是希该预备她的方式，她装备好，她就成为王后。

那就是发生在今日的情形，神拒绝瓦实提，他在寻找以斯帖。但我想强调有件事是绝对跟你我有关，对指定的人，像是王后这位子是有很大的责任，你是可以介入的那一位，你就是可以改变历史的那个人，你是改变国家命运的人。

这事实可以应用在信徒个人及教会整体，真正的教会会因着介入被记录在历史中，而这介入是从禁食祷告启动的。若你想要这位份跟特权，那么你一定要接受随之而来的责任。君主立宪政体国家的公民清楚的明了这个原则，皇室——有位份与特权，但也有责任，若你未预备好接受这责任，你就还没有资格。

约珥

最后一个例子让我们来看约珥书，我早先提到约珥是末世圣灵浇灌的先知——伟大的恢复者，即便如此，约珥要求神百姓的合作。他要求三次禁食祷告，第一次约珥说："禁食的日子，宣告严肃会。"（约珥书一：14）第二次他宣告："耶和华说：虽然如此，你们应当禁食、哭泣、悲哀，一心归向我。"（约珥书二：12）最后他说："分定禁食的日子，宣告严肃会。聚集众民，使会众自洁：招聚老者……"（约珥书二：15-16）

这对约珥来说非常不合逻辑：就是给我们浇灌的预告，但跰给我们开个过时的处方签，这很奇怪。约珥向我们显示神将要做的事以及我们要如何与神合作，神百姓负责的部分是禁食祷告，"要撕裂心肠，不撕裂衣服"来寻求神的面（请参见约珥书二：13），并宣告严肃会。

我要对你说：神百姓的领袖有特别的责任，如果你是教会的领袖——无论是哪方面——传道、长老或是平民领袖，你都包括在内，这是随着你的位份一起，你要为神百姓建立典范。

约珥书二章32节我们看到这些话："到那时候……"神借约珥书向我们显示他的计划；正如他借耶利米所写的向但以理显示他的计划是同样清楚明白，落在但以理身上的责任，现在落在你我身上，这就是神的方式。

神借着我们带来恢复

以西结书卅六章是以色列大恢复的一章，而且现今正在我们眼前完成这奇妙恢复的应许，请注意神这么说：

> 我要加增以色列家的人数，多如羊群。他们必为这事向我求问。（以西结书卅六：37）

他应许会这么做，事实上他也说："除非他们在祷告中祈求，不然我不会完全的成就。"

圣灵浇灌的事实也是同样，神已经向我们显示得够多，知道他正在浇灌圣灵，但是要看到这事完全成就，我们必须合作（感谢神有这么多圣民确实在神的计划与目的中一起同工。）

我们必须认知我们是重要的，我们是关键，神要借着我们完成。你也许要谈你对神的信心，那是令人惊奇且真实的，然而暂停片刻，想想神对你的信心，这会使你谦卑，神借着我们完成，让我们不要使他失望。

第十七章

是这时候，不是如果

在前一章中，我们借由一些旧约事件，专注讨论禁食的力量与影响。我们检视牵涉在这些事件的人们，借着禁食扮演了改变历史的关键角色。

有些人批评我只是从旧约来传讲，因此为了向你显示在新约时代禁食也是很单纯的应用，我们从马太福音第六章开始。这段是登山宝训的一部分，几乎每个人都同意：这是所有基督徒的"宪章"。如我在这本书一开始所说：登山宝训是我们基督徒生活的模范。

耶稣期待我们禁食

在马太福音第六章，耶稣在三件事上使用了"时候"一词："你施舍的时候……"（第3节）"你祷告的时候……"（第6节）"你禁食的时候……"（第17节）我们就上述每样事情更仔细的研究：

你施舍的时候，不要叫左手知道右手所做的。（马太福音六：3）

你祷告的时候，要进你的内屋，关上门，祷告你在暗中的父；你父在暗中察看，必然报答你。（马太福音六：6）

你禁食的时候，要梳头洗脸，不叫人看出你禁食来……（马太福音六：17-18）

因我曾是英语老师，我知道"时候"（译注：when）与"如果"（译注：if）这两个字的不同，如果耶稣是说"如果你施舍……""如果你们祷告……"或是"如果你禁食……"他就是让我们自己决定做或不做，但他是说"时候"，他已经回答问题。

你相信基督徒施舍是有圣经根据的吗？你相信基督徒祷告是有圣经根据的吗？那么基督徒禁食也是有圣经根据的，完全一样的语言用在链接这三种操练。

马可福音第二章耶稣被问到有关禁食的问题，第18节告诉我们："约翰的门徒和法利赛人禁食。"

我先暂停在这里，有个很重要的观察：这节提到施洗约翰的门徒与法利赛人敬虔认真的宗教人士总是会禁食，现今仍是如此——佛教徒、穆斯林以及其它许多宗教，依我的观察有操练禁食的宗教比那些没有的来得有力量，若我们想要比那些反对基督教义的宗教更有力量的话，我们若不禁食，就无法做到。

当我住在全是穆斯林的土地上，斋戒月时，有时觉得天空彷佛笼罩着黑暗的乌云，感觉就好像只差一步就到了地狱，你知道是什么产生出这压制的力量？穆斯林的禁食。

禁食产生力量，问题是它产生的是哪种力量？如果你对伊斯兰教与穆斯林一无所知你或许会误解我，不过即使如此，请容我清楚明白的告诉你——我并不想要对任何人不敬——但伊斯兰教的神是魔鬼，这并不表示神不爱穆斯林，不过那真是个地狱的系统。

禁食产生力量，问题是它产生的是哪种力量。

门徒的记号

我们现在回到马可福音二章的内文

当下，约翰的门徒和法利赛人禁食。他们来问耶稣
说："约翰的门徒和法利赛人的门徒禁食，你的门徒
倒不禁食，这是为什么呢？"耶稣对他们说："新郎
和陪伴之人同在的时候，陪伴之人岂能禁食呢？新郎
还同在，他们不能禁食。但日子将到，新郎要离开他
们，那日他们就要禁食。（马可福音二：18-20）

耶稣以一个小比喻回答这问题，我告诉你我个人对此的诠
释：当他说到新郎，他是在说自己，当他说到陪伴新郎的人，
指的是他的门徒，他说：当新郎与新郎的朋友同在的时候他们
不能禁食，所以当我在这世上时，不要期待他们禁食，但是当
新郎从他们身边被带走时，这日子将到，他们就都禁食了。

当我了解这段经文并知道如何应用在我们今日：新郎耶稣
肉身从我们身边被带走，我们等待他再来，这表示他现在不在
这里。耶稣说得很明白："在那些日子新郎的陪伴之人，就是
基督的门徒将会禁食。"

门徒的记号是什么？禁食。坦白说若你没有操练禁食，你
就缺少一个神所指定耶稣基督门徒的记号。

初代教会的禁食

初代教会的信徒常常且公开的禁食，在使徒行传的十三章我们读到下列经文：

在安提阿的教会中，有几位先知和教师，就是巴拿巴……西面、……路求，……马念，并扫罗。他们事奉主、禁食的时候，圣灵说："要为我分派巴拿巴和扫罗，去做我召他们所做的工。

（使徒行传十三：1-2）

安提阿当地教会的领袖牧者们集合一起，在禁食祷告当中寻求神，结果他们领受神圣的特别启示。我们在新约圣经中读到的第一次布道事工，就是神对初代教会领袖们禁食祷告的回应："为我分别巴拿巴与扫罗出来，我要给他们一个特别任务。"

请注意当他们有这启示后并没有立刻执行，如下列经文所述：

于是禁食祷告，按手在他们头上，就打发他们去了。

（使徒行传十三：3）

再次，他们禁食祷告。他们第一次禁食时领受了启示，第二次他们再禁食，在他们差派巴拿巴与扫罗出去前，他们已经得到胜利了。传道事工理应如此，也就是神的事工理应如此。在我们出去之前，应该就已经得胜了，我们应该一直禁食祷告以获得胜利。

我的家庭在东非宣教长达五年，那时候莉迪亚跟我每周四固定禁食（只是提醒你，我完全没有意思要自吹自擂，我若是自己从未禁食，当然无法向别人宣扬禁食）。

> *我们应该一直祷告禁食以获得胜利。*

我曾经在东非担任大学的校长，在那些年间我极端的忙碌——每天从早上六点到晚上十点，周日也是如此。起初我想说太忙没时间禁食，但不久之后，我发现自己的属灵生活不像以前那样，起初我分不出是什么原因，后来我明白了：我最好不要忙得无法禁食祷告。

事实上，在约翰卫斯理的日志里说：一个人一旦领受了要禁食的亮光却未能办到，他会退步，正如一个人有祷告的亮光，却没有祷告。我就是卫斯理的见证——他是对的。

所以我恢复禁食，当我离开东非时我犯了很多错误，不过基本上我知道自己完成了神所差派我去做的事，我要归功于禁食的操练。

令人信服的结果

我们继续保罗与巴拿巴的叙述，当他们从宣教之旅回来时，交了完成工作的报告（请参见使徒行传十四：27）。简单的说：他们完成了使命。我在东非时，神用一句话向我显示一个真理：如果你想要有新约的结果，就要使用新约的方法，没别的路。

在使徒行传十四章我们对初代教会操练禁食有更进一步发现：

> 二人（保罗与巴拿巴）在各教会中选立了长老，又禁食祷告，就把他们交托所信的主。（使徒行传十四：23）

请注意，他们在每个教会都禁食祷告，不是只在一个教会操练，在使徒们的领导下每个教会都有固定的操练，所以今天也应如此。

保罗说在所有的事情上他视自己为神的职事：就如在许多的忍耐、患难、穷乏、困苦、鞭打、监禁、扰乱、勤劳、警醒、（以及）不食。（哥林多后书六：4-5）我们确认自己为神的传道的一个方式就是借着祷告。

在哥林多后书十一章保罗写到关于他自己的服事经验：

……受劳碌、受困苦，多次不得睡，又饥又渴，多次不得食，受寒冷，赤身露体。（哥林多后书十一：27）

保罗把饥渴与禁食做了很清楚的分别：饥渴是因为你没有任何食物或水，所以你不能吃或喝；禁食是当你为属灵的目的特意的不吃，保罗的意思是他"多次不得食。"

禁食能改变世界

我们改变历史是可能的，我绝对相信这点，我不是在讲某个理论，而是告诉你真实的事情，这会产生结果，我真诚的相信神期待我们成为改变历史的人，事实上历史需要被改变。

今日世界的事件轨道迫切的需要改变，这是可以改变的——我们办得到。历史已记载在圣经，显示出时代以及神百姓弃绝他们的口腹之欲认真寻求神，把物质与世界的追求先放在一旁，神就会响应，而历史就会改变。

在圣经以外也有许多这样的记载——当人民变得绝望，祷告寻求神的时候，整个历史的轨道就改变了。在二次大战时，当英国在关键的时刻宣告祷告日——神就介入敦刻尔克，这是无庸置疑，确实发生了。我与许多亲眼见证这事发生的人谈过，当一个国家自卑在神的面前，神几乎会为他们做所有的事。我们的骄傲与自我满足通常会使神缩手。

我们可以跟亚哈学习吗?

在我们禁食的讨论中，让我提出一个不寻常但非常特别的事件，在列王纪上廿一章里叙述神差派先知以利亚去对亚哈王及他整个家族宣告神的审判：因为这王的嚣张邪恶，神将完全涂抹亚哈王与他的家族。然而当邪恶的亚哈王知道这从神来的讯息时，他面壁以禁食祷告寻求神，神就说："因为他自卑我就赦免了他跟他这一代。"(请参见列王纪上廿一：29)

如果神能因亚哈王禁食祷告就为他行了这事，那你禁食祷告的话，他会为你做多少事? 让我们来读列王纪上廿一章的记载：

> 从来没有像亚哈的，因他自卖，行耶和华眼中看为恶的事，受了王后耶洗别的耸动；就照耶和华在以色列人面前所赶出的亚摩利人，行了最可憎恶的事，信从偶像。(列王纪上廿一：25-26)

没有人像亚哈王那么邪恶，但我们要注意看亚哈王回应神时发生什么事：

> 亚哈听见这话，就撕裂衣服，禁食，身穿麻布，睡卧也穿着麻布，并且缓缓而行。耶和华的话临到提斯比人以利亚说："亚哈在我面前这样自卑，你看见了

吗？因他在我面前自卑，他还在世的时候，我不降这
祸；到他儿子的时候，我必降这祸与他的家。"（列
王纪上廿一：27-29）

当他极认真的禁食祷告寻求神，亚哈甚至能使神的审判暂
停一个世代，再一次说明：若你禁食祷告，这结果会有多大？
你是被拣选的世代，是神百姓的一员，若是神能为一个邪恶拜
偶像的王这样做，想想看，当教会变得像亚哈一样认真，他会
为耶稣基督的教会做多大的事？若我们愿意像亚哈王一样认
真，就绝不会有大责难落在我们身上。

寻求我的面

我们之前有谈过下述经文，不过这值得再检视一次，历代
志下七章14节，神说：

> ……这称为我名下的子民，若是自卑、祷告，寻求我
> 的面，转离他们的恶行，我必从天上垂听，赦免他们
> 的罪，医治他们的地。

你是神的百姓，是称为他名下的民——基督徒，因为基
督这名是称呼你名的一部分，在历代志下这美好应许是要给你
的：

神的应许，不论有多少，在基督都是是的。所以借着
他也都是实在（实在：原文是阿们）的，叫神因我们
得荣耀。（哥林多后书一：20）

历代志下的应许是包含在"神的应许，不论有多少"里
面，你是神百姓的一员，你也被称为基督徒，所以这应许是给
你的，请记得我们之前讲过这部分，神说以他的名称呼的百姓
将采取四个行动——自卑、祷告、寻求他的面、转离他们的
恶行——他将承诺三方面的应许：从天上垂听、赦免他们的罪
（谁的罪？他百姓的罪）、医治他们所住的地。

我是受过训练的逻辑学家，对我来说历代志下七章14节
有以下的演绎，这也是我们早先讨论过的：如果这地未得医
治，错在神的百姓。无论你在哪个国家，我相信你国家现况的
责任是在神百姓的身上：是教会的责任——不是腐败的政客、
奸商，也不是革命家，是教会。

教会要对他们所在的土地负责，应当如此。教会是世上的
盐，但"盐若失了味（如果它没有做好它的工作）……以后无
用"（马太福音五：13）

再次强调这个严正的词"无用"，这就是我们，如果我们
没有尽责，那就是耶稣在上述经节说的：如果你没有尽身为基
督徒的责任，你就是无用。

最艰难的一步

请容我再次强调，神百姓需要做的第一步：不是祷告，是自卑。这是最困难的一步。若你能让宗教人士自卑，任何事都能成就。我之前引用伊凡？罗伯斯（Evan Roberts）在1904年韦尔斯大复兴所说的话："折服教会，拯救世界"当你能折服教会，拯救世界就不困难，是这些硬颈、自义、自满的教会信徒挡在神与复兴之间。

所以神百姓就是这些必须自卑的人，一直都是如此，你能透过整本圣经看到这项真理。例如彼得前书就说得很清楚："因为时候到了，审判要从神的家起首。"（彼得前书四：17）审判首先从教会、从我们开始。彼得他所说的"上帝的家"是指那些一点都不怀疑的人。不敬虔的人与罪人在哪里？这问题的答案真是令人不安：在教会里。

在以西结书九章有段叙述：神差遣六个人带着杀人武器经过城市审判他的百姓，他告诉他们从哪里开始？"从圣所起"（以西结书九：6），从谁开始？"于是他们从殿前的长老杀起。"（第6节）所以当神的审判来临时也是如此，先从神的百姓，且是从领袖开始，这原则从未改变。

再次注意，我们的责任始于一项困难的任务：必须自卑。你如何自卑？尽一切努力，就是不要祷告说："神啊！使我谦卑。"这不是合乎经文的祷告。实际上神一直在说你必须自卑，别要求我来使你谦卑，如果你需要的话他可以羞辱你——但只有你能使自己谦卑，谦卑只能从内在呈现，不是从外在硬加上去。

一种好的悲惨

如同我们在之前所讨论的内容：亚哈以禁食谦卑自己，诗篇卅五篇13节大卫也说："我便穿麻衣，禁食，刻苦己心。"换句话说就是我克制自己在这方面的需求，压制自己要这要那的欲望。耶稣说："若有人要跟从我（第一步是什么？），就当舍己，天天背起他的十字架来跟从我。"（路加福音九：23）

"就当舍己"禁食就是舍掉你的老我，舍掉想要的，就是说："不！有比吃东西更重要的事，再等等吧！"等到合适的时候，我会照顾这方面的需求，现在我的灵要与神在一起。

知道有这样一个方式来自卑是好的，我可以从自己的经验告诉你；禁食使你觉得像条虫，不过这是好的，因为我们就是虫。我曾听过朋友论到以赛亚书四十一章14节："你这虫雅各和你们以色列人，不要害怕！"他说："神可以使虫成为打粮的利器来粉碎山岭。"（请参见以赛亚书四十一：15）不过首先虫必须要认知到自己是虫。

当你禁食觉得像条虫时说："赞美主！现在我明白自己是条虫。"禁食使我觉得悲惨，但是种好的悲惨。我们有时需要变得悲惨，自我的傲慢、抗争、自满挡住了神的道路，这些都需要降服下来。大卫说：我便以"禁食"来"刻苦己心"（诗篇卅五：13）。他压抑自己，告诉食欲去其所属的地方—他拒绝让这些需求阻断神国度的事业。

说到谦卑自己，让我们来读希伯来书这段美好的经文：

再者，我们曾有生身的父管教我们，我们尚且敬重他，何况万灵的父，我们岂不更当顺服他得生吗？

（希伯来书十二：9）

你想要得生命吗？那么顺服万灵的父是很美妙的感觉。喔！伏下来真是好！有时我俯伏在地上，告诉自己这是我所属的地方。你很难在圣经里找到一个属神的人却从未在神面前脸伏于地，没有一个。实际上我们从那儿来，那就是我们所属的地方，我们是从尘土而来（请参见创世记二：7），要常常记住这事实。

趁着还不太迟的时候

我们现在来看一下耶利米哀歌里面一段美丽的经文，耶利米哀歌的悲哀是在写这书卷时，已经太迟了。事实上，耶利米说："我都看到了，我知道哪里错了，但已经太迟了。"就他那个特别的时期而言，确实是太迟了。神的审判已经开始，人民被掳、幼儿饥荒而死、男人亡于战场的杀戮、母亲失去家人。整个城市在哀号，人民被公开羞辱，没有任何方式可以改变事情的轨道，已经太迟了。

耶利米哀歌是悲哀的一卷书，但对我们是好的，让我们下定决心：在我们国家不会有这样悲叹的一卷书。这是可能的：某些时刻，一切都太迟了——这是毫无疑问的。你可能常觉得这样的时刻已经临到你的国家，我不这么认为，但我想这是关键时刻，我深信这需要是迫切的。

耶利米哀歌三章22节读到"我们不致消灭，是出于耶和华诸般的慈爱……"如果这经文过去是对的，在今天也是真实的，让我们再读一次这几节经文：

> 这对我们是好的，让我们下定决心：在我们国家不会有这样一卷的哀歌。

我们不致消灭，是出于耶和华诸般的慈爱；是因他的怜悯不致断绝。每早晨，这都是新的；你的诚实极其广大！我心里说：耶和华是我的分，因此，我要仰望他。凡等候耶和华，心里寻求他的，耶和华必施恩给他。人仰望耶和华，静默等候他的救恩，这原是好的。人在幼年负轭，这原是好的。他当

独坐无言，因为这是耶和华加在他身上的。他当口贴尘埃，或者有指望。（耶利米哀歌三：22-29）

上述经文真的是我个人的见证："人在幼年负轭，这原是好的。"（第27节）那就是我的景况，多年前我还是英国陆军军人时，被主拯救且受圣灵施洗，我约服役四年半时间，当时我不了解既然主拯救我，为我施洗并且呼召了我，为何我还是得当军人。然而，当我回头看我人生中的这段时光，我忽然了解我虽接受过各式的教育，但受洗后在军中这四年半所受到的教育，是最有价值的。

我还记得在沙漠中日复一日，日以继夜，一个月一个月的过去，从未见过一条铺平的路，我身边都是充满血气、亵渎神的军兵，对神或是跟神有关的事完全没有兴趣。我不能逃走，因为没有任何可以逃离的方法。当我一个人独坐无言时，是很沮丧的——我甚至把嘴贴到尘土，正如同耶利米哀歌三章29节所说的。你也许想不到有人真的会照此经文这样做，但我记得有好几次我趴下来把脸贴在沙漠，把我的嘴埋进尘沙中，"或者有指望"我并不享受这样，但这确实对我非常有帮助，那就是回到我们所属的地方—尘土中。

若你遵循我们早先在约珥书中检视的处方，在神面前俯伏、自卑、撕裂你的心、而不是你的衣服，全心寻求神，排除每一样会分心的东西，神会裂天而降，大山会在他面前消化，我们会看见全能圣灵的复兴（请参见以赛亚书六十四：1）。

与神同工

在弥迦书中说道"开路的"已经走了，且王在他的百姓之前先去。

开路的在他们前面上去；他们直闯过城门，从城门出

去。他们的王在前面行；耶和华引导他们。

（弥迦书二：13）

"开路的"是耶稣基督，他已经上去一路已经开了，我们要做的事就是跟着他。

喔！福音是好消息！让我永远都要强调这真理，不是坐在那里不动，然后说："我很抱歉，但我无能为力啊！"你可以做一件事：你能够介入，就是寻求神。

记得在"祷告的发电厂"我所提出的三节经文吗？

凡你们在地上所捆绑的，在天上也要捆绑。（马太福

音十八：18)

若是你们中间有两个人在地上同心合意地求什么事，

我在天上的父必为他们成全。（马太福音十八：19）

因为无论在哪里，有两三个人奉我的名聚会，那里就
有我在他们中间。（马太福音十八：20）

当你思想这些伟大的应许时，就真知神没有漏掉任何事，
这是所有力量的核心、权柄的所在，且以围篱环绕起来，如我
早先告诉你的：以正确的关系作围篱。

我想建议你近前来与神同工，我想挑战你来回应我们在
本章所谈论的事。我以前就立下了一个志愿：我不要仅是教
导——我不再满足于只是宗教的演讲。

在结束这部分之际，我想要做个非常明确、实际的个人应
用。当我在东非教导老师时，我告诉他们绝不要只是上课，总
要挑战学生将其应用出来。我不想把圣经的教导放在理论里，
我渴望将圣经的教导应用在实际生活中。

你是个基督徒，住在自己的国家，我相信神呼召你成为这
特别地方的盐。你要用属灵的方式介入，这是你的责任，并要
改变你国家不合神心意的地方——靠着你对神的委身，改变统
治者、政府等情况，完成这转化的主要武器就是禁食。如果你
想做一个承诺，代表你的国家委身禁食，请允许我为你祷告：

父神，我为这位热情和顺服回应你呼召的亲爱朋友献

上感谢。这不会是容易的事，会有很多泪水与挣扎，你呼召我们进入冲突争战的领域，但你也应许我们得胜。

我靠主为现在正读这些内容的亲爱朋友祷告——你会为他／她的人生开道路，使此事成真。

我祈求你从经文教导他／她，请向他／她显现如何进入这冲突，如何与其它人一起屈膝成为一小组，在灵里合一，如何攻下仇敌的城门，建立神的国度，奉主耶稣的名祷告。阿们!

第 四 部

宝血与神话语
的权柄

第十八章

我们见证的力量

容我继续强调：耶稣基督的教会是这世上唯一有能力行使基督胜利权柄的组织，那是基督代表我们所获得的胜利。我不相信这行使的任务可以单靠个人来完成，这要由耶稣基督的身体—集体的—来展现基督的胜利与权柄，以弗所书第三章述说神的目的：

> 为要借着教会使天上执政的、掌权的，现在得知神百
> 般的智慧……（以弗所书三：10）

神选择教会整体来显现他百般的智慧，每个神的孩子都是

他某方面智慧的启示。你的特别启示不只是分享给这世界，也是对在天上的执政掌权者说话。神智慧的特别启示如同他在你生命中的恩典一样清楚明白，没有任何人可以给你这份特别启示，我们合在一起就是彰显出神百般智慧的启示。

荣耀的潜能

当我提到在今日教会里有的荣耀潜能，我想再次强调神伟大目的不是要由某些特别有恩赐、有天份的个人来完成，是教会全体的工作，神与所有的受造物一直等待教会明白这项真理，并完成这项呼召（请见例如罗马书八：18-22）。

请容我这么说：神正呼召你，对你的国家与整个世界要有一种新的责任感，不只是以个人而言，是要以整体来看。我相信神正期待教会在关键时刻更有果效的面对自己的国家。

你的眼光必须放远，高于个人的需求，因为如果整个国家四分五裂，个人的需求相对于这大灾难来看就十分微小，我们正处在这极易发生大灾难的转折点，只要神的介入就可以预防这事发生，而耶稣基督的教会是这世上唯一能代表神介入的组织。

在前一章我们学到禁食是使我们谦卑的一种方式，以致我们可以避开神对我们国家的审判。我认为依循神话语原则而行的禁食是神百姓最强大的武器。

让我们现在来看神给基督徒可运用的另一项强大武器，这可以使我们在面对属灵冲突中赢得胜利：就是见证所产生的力量。

到世界尽头的部分

在使徒行传一章8节我们读到耶稣在地上对他门徒最后所说的话：

但圣灵降临在你们身上，你们就必得着能力，并要在耶路撒冷、犹太全地，和撒马里亚，直到地极（尽头部分），作我的见证。

这段经文告诉我们领受圣灵的洗，最主要的目的是成为见证："你们……要作见证。"请注意耶稣并不是说"你们要见证"，有些人是专业的见证，但那不是耶稣所说的，他是说我们所说与所做的每件事都是见证，我们整个人生就是见证。

注意，我们都要作他的见证。我们不是某经验或是任一个宗派的见证，我们乃是要作主耶稣基督的见证。只要人们所作不是耶稣基督的见证，你会发现圣灵总会开始离开。圣灵会从那里挪移，因为他来这只为了帮助我们见证一个位格，那位格就是主耶稣基督，见证的目的是要延伸荣耀到世界的尽头。

圣灵在五旬节的浇灌就像是一大块石头丢到一个池塘的中央，激起很大的水花，但水花不是目的，从水花开始有向外每个方向的涟漪，一波接着一波，神的目的是这些涟漪要从中央一直往外推去，直到接触到池塘的边缘一直到它们碰触到世界的尽头。

神所赐的机会

我若教导使徒行传一章8节一定要讲我个人的见证，这见证实在符合这个主题。我在英国陆军五年半后（一年未信主，四年半信主）终于可以离开时，大家都期待我会回家，但却没有——那时我并没有回到英国。

结束服役的当天我成为传教士——并不是传统众所认可的方式，我从未参加传道团队或曾经过任何人的面试，除了主以外。简短的说：主告诉我他呼召我，我就响应这呼召。圣经这么说："那召你们的本是信实的，他必成就这事。"（帖撒罗尼迦前书五：24）主也非常清楚的告诉我，那时全职事奉的门是打开的，我若想的话就可以走进去，但我若有再等一下的想法，门就会关上。

有两种状况是绝对不会在人想要的时候才临到的：神赐的机会与神的审判。它们绝不会等到我们觉得预备好时才来，我们必须决定是否要参与神计划，或是就让他走过我们，神在当时非常清楚明白的向我显明这原则。

我祖父在故乡得了癌症生命垂危，我的家人有四年半没有见到我，我是家中唯一的孙子，整个家族唯一的男丁，每个人都觉得我应该要回家，这非常合乎逻辑。英国陆军有义务且等待着要送我回去，然而就在那时神说：我已为你打

> 有两种状况是绝对不会等人想要的时候才临到：神赐的机会与神的审判。

开传道事工的门，若你想去的话，现在就可去。但是你若要等一下，这门就关了。那真是我人生中非常关键的时刻——而我现在非常高兴当时所作的决定，我走入神为我打开的门。

所以我成为一个传道人，1946 年在耶路撒冷开始我的讲道生涯。赞美主！之后的那些年我也能到世界的尽头，顺便一提，你知道哪里是"世界的尽头"？请留心这点是从耶路撒冷开始衡量的，你若看着地球从耶路撒冷到地表来衡量，人所居住最远的地方就是新西兰的东岸，这是无庸置疑的。

1967 年的圣诞假期我到了新西兰，自此以后我来回这地方许多次，我主要的想法与目的是要作这到世界尽头的见证，直到各方、各族、各国、各民都听闻主耶稣基督。

我担忧教会通常对要达到这目标都相当松懈，在非洲大陆上亿的百姓中有千百万以上的人从未听闻耶稣，如果到印度半

岛这比例也是相似的。

这个古老古老的故事

多年前我在一本杂志上看到一张亚洲老妇人的照片，她满头白发、满脸皱纹、佝偻的说到福音："这是个很老很老的故事？我很老啊——但我一次也没听过这故事！"你熟悉这首歌曲吗？"告诉我这很老很老的故事？"很多人就像这位亚洲老妇人一样，一次也未听过福音，对他们来说这不是老故事，而是惊人的新事。

有一次，我的一位朋友在飞往俄罗斯的班机上，他向空姐们作见证，向她们传约翰福音三章16节，他说："神爱你。"她们答道："神爱我们？不可能，我们这辈子从来没听过。"他便在飞机上在所有乘客面前带两位空姐归向主。在她们的生命中从未听过神爱她们——这对她们来说是全新的。

我们在这世上的目的为何？要作耶稣基督的见证——告诉人们、让他们知道、让他们看见。

我们传福音有很多不同方式，有些人能用传统传福音的方法而产生极大的果效，他们在飞机上就可向坐在身旁的人传福音。喔！请看，十分钟内他们已经向那人分享了完整的福音。相信我，如果我试着这样做肯定完全失败，我只求主让我做我自己。

197

我向人们作见证的方式可能跟你非常不同，但看见证的人知道什么是真的。所以我们只要做自己，我发现我若在主里就是一个见证。总之神会用某种方法透过我对人说话——前提是我预备好让他在我身上动工，所以我再次强调：我们存在的主要目的是作耶稣基督的见证。

难以忘记的景象

使徒行传一章8节提到当耶稣要离世升天时最后说的话，你有真正设想过那是什么情形吗？你知道当你向亲爱的人说再见时，那个时刻是会珍藏、会印在记忆里，像是刻在心里的相片。

我记得当我和我太太跟我们的女儿、女婿说再见时，当时他们带着他们的小儿子，要全家一起去东非宣教，我们站在那里望着蒸汽火车离开车站，这景象活在我们里面，每个细节都印在我们心里。

我确信当主被接去的那时刻，对耶稣的门徒来说也是非常深刻的画面，他们知道不会再见到他以这个样子出现了，他最后对他们所说的话必是极为特别且神圣的，想想这最后的话："……直到地极。"（使徒行传一：8）我相信门徒带着这些话语回家，这话回荡在他们的脑海里。

是什么萦绕在主的心中？世界的尽头，事实上他是这么说："我死亡过，付上代价，这工作已经完成。除非门徒听到这事，不然不会有任何益处。如果人们没有听过我为他们而死的讯息，可能就像是没有死过一样，没有益处。"你不觉得这是事实吗？这对我来讲非常真实。

曾经有人画了一幅描述主回到天上的场景：天使敬拜迎接他，告诉他完成了多么奇妙的事。然后其中一位天使对他说："主啊！你已经完成所有：付上代价，你使人们可以支取救恩，要使这讯息传给需要的人们的计划是什么？"主答道："嗯，我有些门徒在那里。"天使询问："但你知道他们是多么不可靠啊？他们误解你、抛弃你、否认你，如果他们不去告诉别人呢？你有没有其它备案？"主回答："我没有其它备案。"

那就是今日的现实景况：你是神的计划，他没有其它计划，若你失败，整个计划便都失败。圣经是这么说：我们是他的见证。我们对新闻报导里的骇人事件和电影里的恐怖内容感到沮丧，但那些事件不是

你是神的计划，他没有其它计划。

他的见证，我们才是他所倚靠来使世人知道他的计划，我们准备好接下这责任了吗？

第 十 九 章

证词与赞美的力量

我们现在来检视如何更进一步应用我们的证词，以赢得这垂死世界并转向耶稣，我们的证词因着基督的缘故是有力量的灵界武器。

世界的王要被赶出去

我们以耶稣预备要上十架之前所说的话来开始这段：

现在这世界受审判，这世界的王要被赶出去。（约翰福音十二：31）

　　这是好消息，不是吗？借着耶稣在十字架上所做的，这世界的统治者或说这世界的王——魔鬼——要被赶出去，牠的道路在十字架上已被阻挡了，牠无法越过十字架。让我们告诉世界这个好消息：魔鬼不能越过十字架！牠不能从上越过、不能从下钻过、不能从旁边绕过，牠的势力范围到十字架为止。因着耶稣的死及复活，牠被赶出去。

　　你明白耶稣说："现在这世界受审判的意思吗？"那些要求判耶稣死刑的人以为自己是在审判他，其实他们是在审判自己。临到耶稣的审判其实是对他们（以及对我们所有人）的审判，他是在那里替他们受审，他是他们的代替者。"现在这世界受审判"——且因为这世界的审判落在耶稣身上，这世界的统治者就要被赶出去，牠的权柄就要终止，牠对在基督耶稣里的"新人"没有任何权利提出要求。

　　如我们所知耶稣是"末后的亚当"（哥林多前书十五：45），当他完成在十字架的工作，他就成了"第二个人"——新族类的元首。他从十字架复活，而浮现在十字架右边，那里再也没有阴影，只有神面容的光。"现在这世界受审判，这世界的王要被赶出去。"（约翰福音十二：31）我真爱这句话——对我们是极特别的宣告，可以好好吃进去。

　　大卫祷告说：

　　抽出枪来，挡住那追赶我的；求你对我的灵魂说：我

是拯救你的。（诗篇卅五：3）

主在十架上回答了他的祷告，他说："我是拯救你的。"他挡住我们灵魂的仇敌，如果你是在十架的右边，那你就脱离撒旦的势力范围。

因着十架

既然如此，让我们来看歌罗西书第一章：

他救了我们脱离黑暗的权势，把我们迁到他爱子的国里。（歌罗西书一：13）

转换已经完成。在旧约中有两个人没有经过死亡就直接被接到天上：一个是以诺、一个是以利亚。（请见创世记五：24；希伯来书十一：5；列王纪下二：1、11-12）这两个人都没有留下躯体，他们的转换是完全的，所以我们也是。

神已经转换我们——灵、魂、体——从黑暗的势力范围转换到他爱子的国度里，那里的律法是爱的律法，"因为赐生命圣灵的律，在基督耶稣里释放了我，使我脱离罪和死的律了。"（罗马书八：2）这不是将在下一个世代发生，而是正在发生，因着十架，我们从撒旦律法的势力范围，转换到神国度的律法之下。

　　我在释放被邪灵控制的人的当中，发现了不起的武器，就是十字架，牠们在耶稣的名、耶稣宝血、耶稣在十架上所做的见证下颤抖。

　　你不需要害怕魔鬼，这也许是听来令人惊讶的陈述，但神的话是这么说：

"故此，你们要顺服神。务要抵挡魔鬼，魔鬼就必离开你们逃跑了。"（雅各书四：7）

高举主耶稣

耶稣宣告"这世界的王要被赶出去"（约翰福音十二：31）之后，他说：

我若从地上被举起来，就要吸引万人来归我。（约翰福音十二：32）

高举主是谁的事？我们的。我深信如果每一个基督徒都尽他／她最大的努力来高举主，所有的人都会被他吸引，这一点儿都不夸张。我相信这是事实，我不是说每一人都会来亲近他，有些人可能仍然抗拒。然而，你我若做好我们的工作，在世界各地的每个独立个体会感受到圣灵的拉力。

这工作是什么？高举主耶稣基督。这就是我们在这里的原因——不是要推销教会或是某个宗派，也不是要过度重视魔鬼，其实就是高举主。

不幸地——我这样说并非要批评论断——我认为大多数的神百姓花太多时间宣传魔鬼而非神的作为，一般祷告会变成一长串宣传魔鬼的名单："我得到这疾病、我全家都生病"、"医生说我得了不治之症"——以及其它任何状况都是与高举主差了十万八千里。悲哀的是，人们未能了解这些负面见证的毁坏力量。

为要对抗这种作为，我会列出一些经文作参考，给我们一些正面的事情来见证：要基督徒说话是没有问题一重点是要谈些正确的主题。

正确的主题

我们第一个参考来自诗篇：

我也要思想你的经营，默念你的作为。（诗篇七十七：12）

我亲爱的朋友，你若在正确的主题上思考，就会诉说正确的作为，这两者是并行的。

我们接着读约书亚记一章8节，上帝告诉以色列人民：

这律法书不可离开你的口，总要昼夜思想，好使你谨
守遵行这书上所写的一切话。如此，你的道路就可以
亨通，凡事顺利。

圣经不是要教你如何成为失败者，它告诉你如何成功——
这些都在经文里面。我们再来仔细检视约书亚记一章8节的前
半部：

这律法书不可离开你的口，总要昼夜思想，好使你谨
守遵行……

我们要采取三项指令：思想神的话、说出神的话、行出
神的话。实行这三项，你就刀枪不入不会受伤，你不可能失败
的。神爱约书亚不会比他爱你更多一分，若你按约书亚被吩咐
的去行，你就会得到同样的结果。这就是你所默想的、所说的
对你有决定性的影响。

同样的道理应用在救恩上也是这样的真实，我们清楚的在
罗马书十章9-10节读到：

……你若口里认耶稣为主，心里信神叫他从死里复
活，就必得救。因为，人心里相信就可以称义，口里

承认就可以得救。

你不能在错误的承认里面得救，你一定是口里承认正确的事实，承认的意思是"说一样的"，这是极为重要的。对信徒而言，承认就是以你自己的口说出神在他话里所说同样的话。

在腓立比书四章8节更加肯定我们上述的说明：

弟兄们，我还有未尽的话：凡是真实的、可敬的、公义的、清洁的、可爱的、有美名的，若有什么德行，若有什么称赞，这些事你们都要思念。

在这经文中有八项"事情"供我们思想，你在这清单中不会发现任何负面或沮丧的事，都是好的。有人曾告诉我：有些鸟类是吃新鲜的肉，另有一些是吃腐尸。这人的说明非常简单：每种型态的鸟会发现牠们所寻找的，找新鲜肉的鸟就会发现新鲜的肉，找腐肉的鸟就会发现腐肉。

你的思想意念也是如此——会发现它自己要找的，如果你想要食用醇美多汁的鲜肉，它就在那里。如你想要吃腐肉，它也就在那里，你可以吃好的或是坏的。

保罗说"思念这些事"来指引你自己的心思。你的心思不是你的主人，它是你的仆人。你可以养成思想正确的事的习惯，这是要花时间的，但请记住这是从神的话而来的诫命。

明显的印记

与这想法相同的经文也在腓立比书，它始于："因为真受割礼的……"（腓立比书三：3）割礼是人们与神立约的印记。在旧约割礼是在肉体上，但在新约割礼是在心里（请参见罗马书二：28-29）。如果是"以神的灵敬拜、在基督耶稣里夸口、不靠着肉体"（腓立比书三：3）的基督徒就披戴上新约割礼的明显印记。那就是新约割礼的意义，没有这印记的就不属于这群。

"以神的灵敬拜、在基督耶稣里夸口"我们要持续在基督耶稣里夸口，夸口是非常有力量的字。当然我们可以选择谈论任何主题，我们的谈话能聚焦在社会问题、教育，或是其它主题上，但在某些地方我们应该要以耶稣夸口，神的百姓无论是哪个宗派——天主教、新教或其它——都应该谈论耶稣。那就是教会的事业，我们以主为夸口，我们应该要非常勇敢的荣耀主耶稣基督。

赞美是个决定

我要请你注意诗篇卅四篇，大卫对于他要说什么作了决定，他说：

我要时时称颂耶和华；赞美他的话必常在我口中。我的心必因耶和华夸耀；谦卑人听见就要喜乐。你们和我当称耶和华为大，一同高举他的名。（诗篇卅四：1-3）

大卫的决定就是让抱怨、嘟哝或负面话语完全没有位置，你的口无法不断赞美神，同时又说负面的话语，只能选择其中之一。

要"称……为大"意思是"使伟大"，而"高举"是"使其高"，这是教会的事：在主耶稣里夸口，使他的名伟大，并且高举基督。如果我们这样做，我们身边整个气氛都会改变，事实上改变气氛即会影响你的小区、城市、国家，这都被验证过，是真实的。

再回到1904年韦尔斯大复兴，神百姓聚集见证他所做的，以数小时赞美他，你知道结果发生什么事？每家酒馆都关门了，拳赛全数取消，足球赛停止，因为没有观众。我们从圣经历史清楚看到：当神的百姓忙于他们份内该做的事，神就负责处理他们的敌人、他们的社会问题。

神也可以帮我们处理这些，当我们在灵里致胜，我们就赢得胜利了，然后我们就休憩、坐好、观看神解决我们的敌人。

我们应该说的话

在诗篇七十一篇中我们也看到一些经文告诉我们应该用我们的口说什么，请谨记在心，我仅从许多经句中给你一小部分而已。

你的赞美，你的荣耀，终日必满了我的口。（诗篇七十一：8）

我歌颂你的时候，我的嘴唇和你所赎我的灵魂都必欢呼（诗篇七十一：23）

并且我的舌头必终日讲论你的公义。（诗篇七十一：24）

"终日"可是相当长，接着让我们来读诗篇一〇五篇1-3节：

你们要称谢耶和华，求告他的名，在万民中传扬他的作为！要向他唱诗歌颂，谈论他一切奇妙的作为！要以他的圣名夸耀！

请注意"夸耀"这个词，"夸耀"的意思是"夸胜、高举、绝对的信心",我们要终日"谈论他（主的）一切奇妙的作为"。

我在这里要引用的最后一段是诗篇一四五篇1-12节，我要再一次强调请你注意作选择这点。我们需要非常肯定的述说，如下列："我要在周日早晨赞美神"、或是"我要在周二傍晚颂扬神"、或是"我要赞美神，因为我下定决心做这件事"、"我要默想神的庄严，并诉说他的伟大，因为我不要被身边景况的氛围推来推去。我有这心思与意志，我要将我所思想的及我所谈论的话语献给神。"借着我们意志的行动——作决定——我们踏出这一步去思想、去诉说神的伟大与信实，这是有力量的个人决定。

> 藉着我们意志的行动——作决定——我们踏出这一步去想、去说神的伟大与信实。

荣耀神

我建议你用诗篇一四五篇诗人对神以及论神所说的话大声宣告，且以此诗篇结束此章。请自由的并充满活力的宣告：

我的神我的王啊，我要尊崇你！我要永永远远称颂你的名！我要天天称颂你，也要永永远远赞美你的名！

耶和华本为大，该受大赞美；其大无法测度。这代要对那代颂赞你的作为，也要传扬你的大能。我要默念你威严的尊荣和你奇妙的作为。人要传说你可畏之事的能力；我也要传扬你的大德。他们记念你的大恩就要传出来，并要歌唱你的公义。耶和华有恩惠，有怜悯，不轻易发怒，大有慈爱。耶和华善待万民；他的慈悲覆庇他一切所造的。耶和华啊，你一切所造的都要称谢你；你的圣民也要称颂你，传说你国的荣耀，谈论你的大能，好叫世人知道你大能的作为，并你国度威严的荣耀。（诗篇一四五：1-12）

第10-12节真正的总结我之前试图想要表达的："耶和华啊，你一切所造的都要称谢你；你的圣民也要称颂你……"就是神的百姓圣民要做的事。

在五旬节那天，当神的灵临到耶稣的门徒，他们都在谈论些什么？答案是："讲说神的大作为"（使徒行传二：11）结果发生什么事？所有耶路撒冷的人都跑去看发生什么事（请参见使徒行传二：5-11），如果我们作同样的宣告，人们就会来，当我们高举主，他会立刻开始引导人奔向他。

让我们把这当作我们的目标并立下志愿，我们所有做的与说的都是高举主、荣耀主耶稣基督。我们会失败很多次——特别是刚开始时，但我们可以单纯的求主赦免我们，并更新我们

的约定，我们将是耶稣基督的活广告。

教会已经做了不少魔鬼与牠工作的宣传，我们太常述说仇敌能做什么或已经做了什么，相反的，让我们回转这程序来宣扬主，毕竟他是值得颂扬的，他的"成品"是可信赖的，你能信赖他们，他们每一位都带着书面保证，我们当然能为此赞美神！

实际上我们何不就这样做？让我们用刚才讲的诗篇最后三节经文再次来宣告、赞美神，以此来结束本章。

> 耶和华啊，你一切所造的都要称谢你；你的圣民也要
> 称颂你，传说你国的荣耀，谈论你的大能，好叫世人
> 知道你大能的作为，并你国度威严的荣耀。

（诗篇一四五：10-12）

第 二 十 章

我们见证的话语

再进一步检视我们为基督所作的见证之前，让我们来简短回顾一下到目前我们所建立作光作盐的生活：我们学到我们是基督的大使，他差派我们到世上，就像父神差派他来完成天父的旨意，来显现他的能力。我们是神的个人代表，恢复成像他的样式且授予他的权柄，这就是教会的位份、特权、责任。

完成我们在基督里的位份

我深信在耶稣基督里每一部分的肢体，有些人渴望完成他们属灵的位份，只是不知道怎么做。我力图教育基督徒，使我们可以有效地在周围的属灵战场中为主赢得胜利，并将神的旨意带到世上，这是我最诚挚的心愿。

在本书的介绍中，我曾提过一位讲员花了几乎一整个小时在述说他的国家状况有多么恐怖，相信我，当他结束时你就知道这真是糟糕，在说完所有这些坏消息后，他最后告诉听众他们需要的是"圣灵的更新"。然而，我不记得他有再说过任何一句如何可以让这事发生的特别指示。我相信听这讯息的大部分听众都是失望、沮丧、忧虑的离开，"情况很糟，我们应该想办法，但我们能做什么？"没人知道。

在危机的时刻每个人都失去理智，总有某人说："谁来做些什么吧！"但这样并没有真的得到任何结果。我相信圣经完美清楚的显示我们能做什么，而我深信许多诚挚的基督徒想要这么做。

本书快到末了，我的目的是想向你呈现神给他百姓属灵武器用来改变事件从坏到好的轨道——赶除撒旦的力量并立主耶稣基督为王，高举他、尊崇他。

建造我们的军械库

我们持续回顾目前为止所学到的，让我们专注在建造属灵武器的"军械库"。我们检视了我称之为"祷告的发电厂"：在那里两三人同心合意奉主耶稣的名来运用这属灵武器；我们学到属灵的力量必须以正确的关系为围篱，以保护基督徒不受罪的损害。

　　然后我们认真检视禁食为一项非常有力的武器，也有不少例证。我们研究个人、圣经、历史的例子说明禁食改变了历史轨道、预防悲剧发生、震慑住毁坏，甚至避免了神的审判。

　　最后在本章之前我们探索了给信徒取用的两种额外武器：第一个是我们的见证，是耶稣升天之前给门徒最后的指导："……直到地极，作我的见证。"（使徒行传一：8）第二是如同新约的基督徒我们有着明显的立约印记，包括在灵里敬拜神，在耶稣基督里夸口（请见腓立比书三：3），借着赞美这项武器我们释放出宣告的能力，借着我们的口持续以主耶稣为夸耀。

　　靠着我们的见证来赞美、高举、尊崇主耶稣，他说："我若从地上被举起来，就要吸引万人来归我。"（约翰福音十二：32）这就是我们存在的最主要目的，除此以外每件事都是次要。我们可能在世养育一个家庭、赚钱过生活、

我们的目标是全世界都会感受到主耶稣基督的这个强大的吸引力。

工作，也有一些人生的各方面经历，但那些都是其次。基督徒

的主要目的在作主耶稣的见证，并高举他，借着圣灵，他会吸引所有的人归向他。我们的目标是全世界都能感受到主耶稣基督的强大吸引力。

冲突的时刻

我们来看启示录十二章7-11节，这是一段非常特别的经文对我们很有帮助。在这段经文中有末日冲突，也是我们现在进入的景象。我想在这里宣告一个重要的真理：末日是冲突的时刻，我们需要争战的武器。

每当我读诗篇五十五篇就会想到这个事实，让我们花点时间来看这段经文，大卫发现他自己被牵涉到冲突当中时，他说：

我必远游，宿在旷野。我必速速逃到避所，脱离狂风暴雨。（诗篇五十五：7-8）

我相信很多人有大卫相同的感受：他们想脱离这状况但没有任何出路，必须要去面对解决并持续前进。当大卫得到相同的结论时他转向他的敌人，并以诗篇五十五篇9节祷告说："主啊，求你吞灭他们，变乱他们的舌头！"

在先前我分享到我如何发现这是最有效的祷告，对于今日世界上反对神的那些人，我每天祷告说："主啊！你知道那些反对你和抗拒你的人，你知道那些拒绝你、拒绝基督与圣灵的人——所有那些反对你的百姓、反对你对世界的计划的人"这时我会一一提名指出是那些人，然后我就会这样祷告："主啊，求你吞灭他们，变乱他们的舌头！"变乱他们的舌头，让他们彼此为敌。

　　我一直看到神信实的回应这个祷告，当我们这样祷告，不需任何事物敌人就会自乱阵脚、推翻自己。这是如此简洁有力的祷告，暗中破坏敌人的整个基础。

　　很显然的在诗篇五十五篇这样祷告之前，大卫也有害怕的时候，他呼喊着：

> 神啊，求你留心听我的祷告，不要隐藏不听我的恳求！求你侧耳听我，应允我。我哀叹不安，发声唉哼，都因仇敌的声音，恶人的欺压；因为他们将罪孽加在我身上，发怒气逼迫我。……恐惧战兢归到我身；惊恐漫过了我。我说：但愿我有翅膀像鸽子，我就飞去，得享安息。我必远游，宿在旷野。我必速速逃到避所，脱离狂风暴雨。

（诗篇五十五：1-3、5-8）

大卫痛苦地想要脱离所面对的景况，在下一段他说："因为我在城中见了强暴争竞的事。"（诗篇五十五：9）大卫所面对的场景是人的暴力与争斗，在这当中他发现答案：不是逃跑，而是回转面对困难、攻击。所以他祷告："主啊，求你吞灭他们，变乱他们的舌头！"如果神百姓是这样的祷告，他们会再一次得到胜利。

事实上，单单这样祷告就有能力得以推翻今日世上的敌基督与无神论者，我为此祷告并且看到这事已成就。我们必须这样持续祷告直到事情成就，我们无须逃跑，圣经说勇敢转回并奋战到底。

胜利的圣徒

现在我要做下一章的介绍，我们把注意力转到主要经文：启示录十二章7-11节所形容的末世冲突并不只是地球——是全宇宙，这个状况开始于第7节：

> 在天上就有了争战。米迦勒同他的使者与龙争战，龙也同牠的使者去争战，并没有得胜，天上再没有牠们的地方。大龙就是那古蛇，名叫魔鬼，又叫撒旦，是迷惑普天下的。牠被摔在地上，牠的使者也一同被摔下去。我听见在天上有大声音说："我神的救恩、

能力、国度，并他基督的权柄，现在都来到了！因为
那在我们神面前昼夜控告我们弟兄的，已经被摔下去
了。弟兄胜过牠，是因羔羊的血和自己所见证的道。
他们虽至于死，也不爱惜性命。

（启示录十二：7-11）

　　请注意，冲突的范围：包括天跟地；米迦勒跟他的使者，
魔鬼跟牠的使者，以及地上的圣徒。在这最终的冲突中全部都
牵涉在内。在这大争战的轨道中，魔鬼从牠天上的统治领域被
驱逐出去，被赶到地球上。我们不必进入这状况的所有细节，
我们来读有关牠被赶逐及丢到地上的摘要，这始于第11节：
"弟兄胜过牠……"

　　若你检视这段内文并仔细研究，毫无疑问的"弟兄"指的
就是——地上的圣徒，"弟兄"地上的圣民胜过牠，牠就是魔
鬼，这里就是很清楚的证据：我们身为基督徒必须涉入与撒旦
直接的冲突，这是我们之间的事。

　　请注意虽然天使长跟他的使者以及天上的力量会涉入，最
终的胜利是由地上的圣徒所赢得，没人能说我们是不重要的。

我们属灵胜利的秘诀

我们所赢得的胜利象征着一个令人惊讶且似非而是的论点：神拣选了软弱及自卑的带来刚强的灭亡（请参见哥林多前书一：27-29）。天使有强大的力量，神未使用他们来完成最终的胜利，而把这项特权赐予我们，以至于所有

> 我们身为基督徒是必须涉入与撒旦直接的冲突，这是我们之间的事。

的荣耀都归给神。

在下一章我们将会检视我个人觉得在圣经中属灵胜利的最伟大秘诀之一：弟兄如何胜过牠？他们是怎样战胜牠？"是因羔羊的血和自己所见证的道。"（启示录十二：11）很清楚的，就是他们全然委身"他们虽至于死，也不爱惜性命。"（第11节）如我之前提过，他们就像是以斯帖对自己是活或死都无所谓——这对他们不重要。

这教导不是给那些不委身的基督徒，而是给那些决定无论要付上什么代价都要做这工的人，以斯帖记四章16节所感叹的——"我若死就死吧！"——正是得胜基督徒的呼喊。

第廿一章

靠着宝血得胜

我现在尽可能解释清楚何谓靠着羔羊宝血及你所见证的道得胜。如我在二十章末了所说的，我相信这是在圣经中属灵胜利最伟大的秘诀之一，我很谨慎的考虑启示录十二章11节的实际应用，且发现这是所能想象的最令人惊异有效的武器。我以此方式解释其意义：

> 你靠着羔羊的宝血以及借着你见证的道，当你个人见
> 证神所说耶稣宝血为你所做的，你可以战胜撒旦。

我们将仔细的检视这关键的陈述。

请注意你所作的个人见证是针对魔鬼，这不是指你在教会里站在弟兄姊妹面前说："我要在这提出赞美的说明……"那些聚会是很棒，但那不是我这里要讲的，相反地你是要对魔鬼见证：你要见证神说耶稣宝血在你身上所做的，你是应用他的宝血在你的状况。

逾越节的羔羊

在旧约圣经中，逾越节的羔羊是最伟大基督的表征一被杀的羔羊流出宝血。在新约许多地方都有这相关叙述，保罗说："羔羊基督已经被杀献祭了……"（哥林多前书五：7），施洗约翰也说："看哪，神的羔羊……"（约翰福音一：29），都提到耶稣是逾越节的羔羊，但是神羔羊并非只除去以色列一家族的罪，这羔羊是"除去世人罪孽的。"（约翰福音一：29）

出埃及记第十二章记录了第一次的逾越节，你会发现每个希伯来家庭都必须杀一只他们自己的羔羊，而羔羊的血接在盆子里，然而神对以色列人说：当你们把血洒在你们房子的门框时才能保护你——在门楣跟两旁门柱。然后他说："我一见这血，就越过你们去。"（出埃及记十二：13）

非常简单且清楚，我想把这概念告诉你：在盆子里的血保护不了任何人，如果血一直停留在盆子里，以色列没有人能逃过神的愤怒与审判。每个以色列家庭靠着他们的意志与信心的行动，必须把盆内的血转换到神所指定的地方，就是所有的——神及撒旦——都看得到的公开陈列。

借着神所指定的方法，他们做这样的转换——他们不能使用其它任何方法，这方式就是用牛膝草，这种草在中东非常茂盛，他们必须拿牛膝草，用它沾盆子里的血，然后洒在门楣跟两旁的门柱。

请注意他们并没有把它洒在门坎，我们不能走过血。也请注意以色列人必须用洒的——这是坚决肯定的行动。

信心不是实验，这不是"我看看如果这样做是否有用？"举例来说，很多人在测试神的医治，有位有医治恩赐的优秀传道者莉莲约曼斯（Lilian Yeomans），她是一位医生，她说："你不能测试神的医治，是神的医治测试你。"这是真理。

所以这宝血的应用不是实验，它是顺服的行为，以色列人将宝血洒在门楣跟门柱上，当他们这样做并且在黑暗的时刻留在宝血的后面，他们便安全了。

我们的模范

以色列人所遵循的程序是神给我们的模范——它的结果对我们也是一样的真实，基督是我们逾越节的羔羊，为我们被杀。（请参见哥林多前书五：7）宝血按一般来说是在盆子里，但在盆中的血是没有益处的，它保护不了任何人，你必须亲自应用，靠着你信心的行为，在它还没产生果效前将盆中的血转换，使它公然地显现在你的生命中，那么这就是你的保护。

在旧约中，神指定一束牛膝草作为把血洒到门楣跟门柱的工具，在新约之下我们不用牛膝草——但我们确实使用每个人都可取得的，就如同牛膝草是方便以色列人取得的，你知道这是什么吗？舌头，是我们口中的话语把血从盆中转换出来。

当你说出关于宝血的正确陈述就是应用羔羊宝血和你的见证，这宣告将宝血从盆子里转换到你的家庭与生命，这就是"弟兄胜过牠，是因羔羊的血和自己所见证的道。"（启示录十二：11）的意义。

话语的教导

为了要这样应用宝血，你必须知道神话语对宝血的教导是什么，如果你无视于神话语的教导，你就不可能用它。我会带领你了解透过神话语所提到耶稣宝血的一些经文，并解释个人如何应用。在本章的结尾，我会将这些摘要下来写成宣告。当你觉得需要见证耶稣宝血的时候，任何时候你都能使用它来战胜魔鬼。

我们从以弗所书一章7节开始：

我们借这爱子的血得蒙救赎，过犯得以赦免，乃是照他丰富的恩典。

请注意你的救赎是有个位置的，只有在基督里——借这爱子的血得蒙救赎，如果你不是在基督里，就没有救赎。被救赎的意思是"被买赎回来"。我们是借着基督的宝血被买赎回来，就像是赎金已经付清了。当一个人被绑架，家人会付许多的钱去"买回"他们所爱的。对罪人而言，他们被撒旦所掳掠，耶稣付出赎金，代价就是他的宝血，透过这宝血从撒旦的手中买回我们。

在上述的经文有两点关于宝血非常特别的陈述："借这爱子（耶稣）的血"和"我们得蒙救赎"。现在我要向你说明如何使这成为你个人的——如何拿"这一束牛膝草"并开始将这些叙述洒在你的生命中。请说："借着耶稣的宝血，我得救赎。"你可以应用这真理，就是大声说出来（如果你能够的话）："借着耶稣的宝血，我得救赎。"

另一节经文可以完美的补充以弗所书一章7节的宣告，就是诗篇一〇七篇2节，这节经文始于："愿耶和华的赎民说这话……"你看，直到你如此说，你才被救赎。"心里相信"的确很棒，但"口里承认"才是救赎。（请参见罗马书十：9-10）你可以相信它——然而，直到你说出来，你才拥有这救恩。

诗篇一〇七篇2节第二部分说道："……就是他从敌人手中所救赎的。"我对于我曾在哪里毫无怀疑——我是在仇敌的手中，但透过耶稣的宝血我从敌人的手中被救赎出来，我能非常快乐的说："借着耶稣的宝血，我从魔鬼的手中被救赎出来，我已不在牠的手中了。"这是我的第一个证词。

我的罪蒙赦免

回到以弗所书一章7节，我们看到经文说的第一个特别陈述是我们蒙救赎，第二它说我们透过耶稣的宝血罪蒙赦免，没有宝血的流出就没有罪得赦免。（参见希伯来书九：22）我们说到这第二个证词是："透过耶稣的宝血，我的所有罪都被赦免。"我喜欢加上这两个字一所有一因为就是这点大不同，"透过耶稣的宝血，我所有的罪都被赦免。"

我们来看为耶稣宝血作证词的其它经文，在约翰壹书：

我们若在光明中行，如同神在光明中，就彼此相交，

他儿子耶稣的血也（持续的、固定的、永远的）洗净

我们一切的罪。（约翰壹书一：7）

翻译成"洗净"的希腊原文是持续的现在式，表示只要我们持续行走在光中（我们必须要符合的条件）耶稣基督的宝血现在并且持续的洗净我们所有的罪，那就是我对抗仇敌控告的一部分证词："神儿子耶稣基督的宝血现在洗净我所有的罪。"

我们的下一个证词是从罗马书来的：

现在我们既靠着他的血称义，就更要借着他免去神的
忿怒。（罗马书五：9）

我们因耶稣的血称义，"称义"的意义是"使公正或公
义"。我们靠着耶稣的宝血变成公义，那就是我们如何使用罗
马书五章9节来作见证说："借着耶稣的宝血，基督的公义就
借着信心输入到我里面。"

我们公义的另一个面向是在哥林多后书，这经文告诉我
们：耶稣为我们成为罪，以至于我们可以领受他的公义：

神使那无罪的（耶稣），替我们成为罪，好叫我们在
他里面成为神的义。（哥林多后书五：21）

基督是我们每天公义的来源，这不是我们自己的公义，我
靠自己尽力做到多好也没办法是公义的，我得的公义是耶稣基
督无瑕疵的公义，是我借着他的宝血所领受。

称义，成圣

根据罗马书五章9节以及哥林多后书五章21节我们可以用
下列方式来作证："透过耶稣的宝血我已称义且成为义的，'就

好像我'从未犯罪一样"，那正是称义的真正意义，这就好像我从未犯过罪，任何事少了上面所叙述的就是有罪，我们可以勇敢地来到神的宝座前，彷佛我们未曾犯过罪，这就是唯一的公义。

我所有的罪都已被涂抹，神说他不再记念我们的罪（请见耶利米书卅一：34），我已披戴上无瑕的救恩衣服以及公义的外袍（请见以赛亚书六十一：10；以弗所书五：27）。

希伯来书十三章提到耶稣宝血的另一面向，我们能够亲自来作见证，这经文告诉我们借着耶稣的宝血成圣：

> 所以，耶稣要用自己的血叫百姓成圣，也就在城门外受苦。（希伯来书十三：12）

很清楚的成圣就是要成为圣洁。这重要的话语已经被忽略，但字面上的意义是毫无疑问的。神在我研究圣经时向我显现：当你有救恩的确据，也就有圣洁的确据。我们需要知道那是借着信心，你若靠着信来到神的面前，就可以算为圣洁。

> 透过耶稣的宝血我已称义且成为义的，就好像我从未犯罪一样。

我们如何使用这概念来证明："透过耶稣宝血，我已成圣，成为圣洁、分别出来归给神。"关于他的百姓以色列，主不断地告诉埃及法老：我的人民和你的人民的救赎是有分别的。（请参见出埃及记八：22，九：4）这救赎的分别是在魔鬼与我之间，那是什么？耶稣的宝血。我不属魔鬼的领域，透过耶稣的宝血，我已从黑暗势力中转换出来进到神子爱的国度（请见歌罗西书一：13）。

勇敢的承认

神期待我们非常勇敢——如果我们是因着对的理由。这并不是要吹嘘你自己、你的教会或你的宗派所成就的，而是有关神所说耶稣宝血为你所做的。关于这点永远不会过于坦率，借着你的勇气，将所有的荣耀与尊荣归给主耶稣基督。

我们集结目前提到的所有的经文，这些涵义非常重要，可串连成为有力量的证词。请容我给你下述例子（在本章结束时，我会提供一连串口里承认的摘要，连同相关的经文参考连结成勇敢的证词来使用）。

借着耶稣宝血，我已被赎回。

我是借着耶稣宝血从魔鬼手中买赎回来。

透过耶稣宝血，我所有的罪都被赦免。

耶稣基督宝血持续洗净我所有的罪。

借着耶稣的宝血我已称义、成义，

就像是我从未犯过罪一样。

借着耶稣宝血我已成圣、成为圣洁，

分别出来归给神。

在我为人作释放祷告的经验中发现有种形式的证词是魔鬼非常讨厌的，就是口里承认。魔鬼响应它的方式很特别，当神的灵在运行，并且在正确的宣告、承认时，魔鬼会被搅动出来，会在那需要释放的人身上看到魔鬼明显的震动。

请了解我们所汇集的这些证词，并不只是一个例行公事或是一个公式，而是必须从圣灵里活出来。

我读过一本由一位前犹太教教士写的书，他不知如何成为灵媒的，但后来在基督里有得救的经验，并领受圣灵的洗。他在书中指出，如果人们不在圣灵的能力里行使耶稣宝血，魔鬼一点也不怕他们谈论。

没有任何安全的公式可以让你应付，只有靠着圣灵的恩膏与力量，我们的见证才会有效。

借着水与血

下一段我们会在这清单上加入有力的见证话语，我们能用神的话宣告耶稣宝血为我们所做的事，然而，让我首先指出约翰所说圣灵为耶稣作见证："这借着水和血而来的，就是耶稣基督；不是单用水，乃是用水又用血，并且有圣灵作见证，因为圣灵就是真理。"（约翰壹书五：6-7）当然耶稣借着水成为伟大的教师，甚至在他上十字架前就对门徒说：

现在你们因我讲给你们的道，已经干净了。（约翰福音十五：3）

然而这对我们是非常重要的，了解耶稣来到这世上并非只是作个伟大的教师（有一些异端会引导你相信这点），他也是伟大的救赎者，放下他的生命为我们牺牲，流出他宝血救赎我们，这就是圣灵所见证的。耶稣借着水——但不是只有水，他来是借着水也借着血，圣灵见证他传道话语的水与牺牲救赎的血。

当圣灵开始见证耶稣以及他所成就的，相信我，全地狱都在颤抖，结果是极为奇妙的。当人们做这些宣告，我看到人们得释放，有人身上有二十或三十个辖制邪灵一个接着一个出来，当一些人试着作关于耶稣宝血的宣告，邪灵甚至不让他们说，牠会掐住他们，但是当我们开始用这些证词时，这些邪灵就会出来。

宣告的力量

这是另一个极具爆炸力的叙述，可以再加入我们集结的证词：我的身体是圣灵的殿，借着耶稣宝血得蒙救赎、洁净、并成圣，魔鬼在我这里无容身之处，魔鬼不再掌控我（请参见哥林多前书六：19；启示录五：9；约翰福音十四：30；路加福音十：19）

上述的每一句绝对都是圣经经文，因此当神的灵感动你开始说这些话时，你会看到惊人的果效。

只有靠着圣灵的恩膏与力量，我们的见证才会有效。

你或许想一而再、再而三持续宣告这些话语——不仅是因为重复这些话会带来改变，也因为当你说的时候，你会在信心与信仰中成长。

这是有力量的真理，背下来学习是有益处的，如何做到？借着你的口不断重复，当你大声说出它们就进到你的心中成为可运行的。那就是为什么罗马书十章9节讲到救恩时，保罗并没有把"相信"放在首先，他把"口里承认"放在前面，保罗的要求也许与我们的想法相矛盾，但他说到：

你若口里认耶稣为主，心里信神叫他从死里复活，就必得救。（罗马书十：9）

有趣的是在下一节经文保罗说道：

因为，人心里相信就可以称义，口里承认就可以得救。（罗马书十：10）

如果你不确定你是否相信某事，开始说它，当你说它，你将会相信它。史密斯?威格华思（Smith Wigglesworth）在廿世纪的前半时期有个医治福音事工，在世上如此多的方式中，他有个简单的方法却能有全面的洞察力，

> *如果我想要相信神的话当中的某事，我开始大声的读这经文。*

他引用罗马书九章，也引用罗马书十章17节说："可见，信道是从听道来的，听道是从基督的话来的。"他总结说："如果我想要相信神话语当中的某事，我只要开始大声的读这经文，当我听见自己这样说时，我便开始相信它。"这个操练的方法是完全合乎逻辑并且符合圣经，一点都不愚蠢。

与经文的连结

我之前曾答应在本章结束前会给你一个证词的摘要及其相

关应对经文，你可以结合使用作勇敢的证词宣告，请见下述：

透过耶稣宝血我已从撒旦的手中被救赎出来；透过耶稣的宝血我所有的罪已被赦免。（请参见以弗所书一：7）

耶稣基督神儿子的宝血已经洗净我所有的罪。（请见约翰壹书一：7）

借着耶稣的宝血我已称义、成义，就像是我从未犯过罪一样。（请见罗马书五：9）

借着耶稣宝血我已成圣、成为圣洁，分别出来归给神。（请见希伯来书十三：12）

我的身体是圣灵的殿，借着耶稣的宝血已得救赎、被洁净、成为圣洁，魔鬼在我身上无份无权。（请见哥林多前书六：19；启示录五：9；约翰福音十四：30；路加福音十：19）

这是一连串我们能宣告的见证话语（虽然不是详尽、彻底的清单），靠着这些我们见证宝血的力量，且因此胜过魔鬼。

证词是强力的武器，是我们军械库的一部分，我们能靠着全然属灵的方法来得到完全的胜利，要确定这胜利，让我们靠神提供给我们的武器，以这凯旋的宣告来作结论：若你能大声宣告这段，请这么做吧！

因为我们虽然在血气中行事，却不凭着血气争战。我们争战的兵器本不是属血气的，乃是在神面前有能力，可以攻破坚固的营垒。

（哥林多后书十：3-4）

当我们要结束本章让我们再次宣告：

我们争战的兵器本不是属血气的，乃是在神面前有能力，可以攻破坚固的营垒。

第廿二章

冲破难关

在前一章作了如此强大的宣告后，你预备好要研读一个圣经里的事件，因着类似的宣告带来全面的胜利吗？我们来读历代志下二十章，这是描述在旧约里的一个状况：犹大王跟他的百姓赢得完全胜利，没有使用任何一点"血气"或实际武力，只应用属灵武器就得到的胜利。

在我们看这事件之前，容我指出在旧约时代对神的百姓来说这是很正常、可接受的，这是他的百姓使用战争的实际武器，因为这是他们所住的环境下统管的一部分。当然他们也需

236

要与神有正确关系，并循他的指示以获得胜利。然而有时神呼召他们纯粹运用属灵武器，像是赞美和呼喊，在这过程中击败他们的敌人。

根据新约以弗所书六章12节，我们并不与肉体、血气摔角，我们不与人类打仗，乃是与邪恶的执政掌权者争战，因此我们战场的武器不是血气。我们就是宣告哥林多后书十章3-4节。如果在旧约下神的百姓靠着属灵武器即能赢得全面的军事胜利，那么活在新约时代的我们操练这完全适用且合乎经文的武器时，会有多大的果效？

属灵战争的模式

我们现在把注意力转到历代志下二十章，我简述一下这事件发生的背景：这事件的重要角色是约沙法，他是一位公义的君王，是南方犹大国百姓的领导者，约沙法得知一个非常强大的敌人从东方来要入侵犹大国，他知道他的国家并没有足够的军事资源及人力来抵抗这境外的军队。

认知到这现实，约沙法便全然转向属灵的领域，借着使用一系列的属灵武器，他跟他的百姓得到全然的胜利——赢到极致：他们未费一兵一卒，他们所做的就是在敌人的尸体身上掠夺战利品，他们的敌人没有一个活着离开。所以他们得到所有的战利品，唯一耗费的力气就是花了三天时间在收集这些战利品，因为有那么多东西。如果这不算是全面胜利，那我真不知什么才算是。

这事件可说是近乎完美的属灵战争典范——同样可应用在今日神的百姓身上，这里的叙述没有一句话是过时的，如果神百姓采取同样的行动，就会得到同样的结果。

回转向神

约沙法是个了不起的君王，但他像我们一样也是个人。以下是记录当他听到侵略的大军已经在路上了时的反应："约沙法便惧怕。"（历代志下二十：3）约沙法是人，但不是个愚昧的人，他看到事实且正视现实，了解到在自然状况下确实是要惧怕。

这真理在今日亦然，在特别的某些方面，我们可能说邪恶的势力压倒性的超过我们，惧怕是理所当然。我们必须客观且看到真实的现状。然而，当我们转向神而转离恐惧时，他会对我们所面对的困境带来解决。

> *当我们转向神而转离恐惧，他会对我们所面对的困难带来解决。*

在这胜利的故事当中，我们也读到使用一些同样的属灵武器，这些一直是贯穿整本书的焦点。

踏向胜利的步骤

从约沙法对这危机的响应，让我们探索在下列段落中所显示踏向胜利的每一步。

1. 禁食

约沙法便惧怕，定意寻求耶和华，在犹大全地宣告禁食。（历代志下二十：3）

在这事件中的第一项武器是禁食，所有世代的神百姓一直都使用这武器，在危机时刻神百姓总是知道禁食是他们应该响应的方式。

2. 聚会

于是犹大人聚会，求耶和华帮助。犹大各城都有人出来寻求耶和华。（历代志下二十：4）

下一个厉害的策略行动就是召聚神的百姓聚在一起，这样的一个聚集也是他要求我们的。他不再祝福那些只是出去推广他们自己的教会，或只是增加他们会众数目的人，就是无法使神去祝福他没兴趣要祝福的事情。但如果你开始去做神要你做的事，你会惊讶他是如何祝福你的。

239

　　如果你因身为基督徒而坐牢，那你是循理教派、浸信会或罗马天主教就不会是很重要的事。我们看见圣灵如何运行在全世界许多各样的会众当中，因为神不在意宗派，他要的只是在一个平台一起聚集他的百姓。

　　有趣的是，他启示的聚集是由平信徒所发起的而不是教会或传道人，我们看见这么多一般性组织都是神所运行且浇灌下他的灵。

　　多年前我在新西兰与澳洲的一次旅程，那次主要是由平信徒组织发起的聚会，把许多不同宗派的人聚集一起，神对那些在聚会里的人是哪个派别或是身份、地位不感兴趣——他是在找一个平台让他的百姓可以聚集，所以在约沙法治理之下的犹大国胜利的第二步：他们一起聚会。

3. 祷告／见证

我们看见第三步始于历代志下二十章第5-6节：

> 约沙法就在犹大和耶路撒冷的会中，站在耶和华殿的新院前，说："耶和华—我们列祖的上帝啊……

我们不会把整段约沙法的祷告写在这里，从这以下共有七节——不过这是个祷告的范本，为什么？因为他完全是用神的话跟神的应许来祷告，他实际上是说："因你曾应许我们的，现在抓住你说过的话。"

我常常教导大卫在历代志上十七章的祷告，大卫所说的关键在第23节："耶和华啊，……照你所说的而行。"当你能用神所说过的话抓住他，你就可以确定他将要成就，然而如果你祷告无视于神的话，你的祷告会是软弱且不确定。你一定要知道除了经文没有别的方式，例如你不能见证神所说的宝血，如果你不知道神说了什么，如果你不知道他的话，你就不会以神的话为基本来祷告。

约沙法知道神的话，他知道的，这启示在他的时代是存在的，所以他祷告是以此启示为基础，他提醒神历史的事件，提醒神他自己的应许，他主要是说："现在，主啊！就看你决定了。"

4. 圣灵的运行

在第四段我们遇到奇迹式、超自然圣灵的彰显，在他们禁食之后、在他们聚会之后、在他们祷告之后—预言来到：

那时，耶和华的灵在会中临到利未人亚萨的后裔——玛探雅的玄孙，耶利的曾孙，比拿雅的孙子，撒迦利雅的儿子雅哈悉。他说："犹大众人、耶路撒冷的居民，和约沙法王，你们请听。耶和华对你们如此说……（历代志下二十：14-15）

241

主的灵临到雅哈悉身上，因此并不是亚哈悉在说，是神透过他说话，神说的话是启示、劝勉、安慰、造就、指示，这次是启示——也是安慰，这不是谴责，是鼓励。坦白说我不是找人来说些先知性谴责我的话语，不需先知说些泄气、沮丧的话语，我已经有够多沮丧的来源了。

从神而来对约沙法的第一句话是："不要因这大军恐惧惊惶……"（历代志下二十：15）

我们在读经文时，有多少次神对他的百姓说："不要惧怕！"有人告诉我这句话在圣经中出现了365次，刚好一年每天一次。

而我们自己有多少次听见神对我们说："不要惧怕！"我第一次领受先知性的个人讯息是躺在军队救护车里面，在北非的西部沙漠移动到前线，预备阿莱曼战役。那时我有一点了解，想着会发生什么事，我立刻感到胃里有一股奇妙的燃烧，我心想："现在我要开始说方言了。"然而是预言式的讯息出来，主说："你不要惧怕！"神对我的第一句话是鼓励的言语："你不要惧怕！"

我们看到同样的预言讯息持续在第15节：

不要因这大军恐惧惊惶；因为胜败不在乎你们，乃在乎神。（历代志下二十：15）

在这奇妙的鼓励话语之后，他们如何往前、他们会在哪里
迎敌、敌人在做些什么等特定的指示就显现出来，我们不需要
详述细节，你可以自己去读历代志下二十章16-17节。

接着是百姓对这启示的响应，从他们的响应很清楚的知

真的先知预言会是活泼的，兴奋的，并且与神的目的相合。

道：从神领受的启示是赐
下生命，这使他们生命活
泼，改变气氛，真实的先
知性话语不会让你有种感
觉好像是丢条湿毯子在你
身上，真正的先知话语使
你活泼——会使空气像通
电似的，这是一个很好的验证。先知话语是否真实？真的先知
预言是活泼的、兴奋的，并且与神的目的相合。

约沙法就面伏于地，犹大众人和耶路撒冷的居民也俯
伏在耶和华面前，叩拜耶和华。（历代志下二十：18）

很容易忽视发生在这里事情的重大程度，你可以读很多次
第18节而仍忽视这画面及其意义：数以千计的人同时俯伏在
地上（在今日的许多教会会视这样的响应为脱序。）

为何人们会仆倒在神大能之下？这事件给我们一个范例，
这不是因为有人在领会说："现在让我们全部跪下。"反而是

某事在会众中运行而临到人们身上，使他们无法在这面前站立得住。

在圣经的其它地方我们读到主的荣耀临到所罗门的殿，因为神荣耀的大能，在这些时候祭司没有办法站立领会。毕竟经文见证所有的血肉都是草，而当圣灵的风吹来，草必枯干、花必凋残（请见以赛亚书四十：6-8），在神的灵面前，我们的血肉凋残。

5. 赞美

接着发生什么？我们还有一项武器尚未讨论，而光这个就够完全充足，就是赞美：

> 哥辖族和可拉族的利未人都起来，用极大的声音赞美
> 耶和华以色列的神。（历代志下二十：19）

我真感谢这极大声音—你呢？有些人告诉我："我在我的家里赞美神。"那确实很好，但是我们不应该只是在家里，让我们出来，在适当的季节，我们全都应该在一起大声赞美神，我不是很会唱歌，但我的声音相当大，而且我总是预备要为主使用。

次日清早，众人起来往提哥亚的旷野去。出去的时候，约沙法（他给他们一番鼓舞）站着说："犹大人

和耶路撒冷的居民哪，要听我说：信耶和华—你们的
神就必立稳；信他的先知就必亨通。"约沙法既与民
商议了，就设立歌唱的人，颂赞耶和华，使他们穿上
圣洁的礼服，走在军前赞美耶和华说："当称谢耶和
华，因他的慈爱永远长存！"

（历代志下二十：20-21）

照现代军队标准：歌者以及这种方式也许被视为多余，但
实际上那是全面胜利的关键—赞美，请特别注意在这下列两节
经文所讲的内容：

众人方唱歌赞美的时候，耶和华就派伏兵击杀那来攻
击犹大人的亚扪人、摩押人，和西珥山人，他们就被
打败了。因为亚扪人和摩押人起来，击杀住西珥山的
人，将他们灭尽；灭尽住西珥山的人之后，他们又彼
此自相击杀。（历代志下二十：22-23）

这个结果正是我先前所提祷告的运作："主啊！变乱他们
的舌头！"他们彼此相敌，有多少情况我们也应该站在那里祷
告，然后等着看事情会怎么发展？

当我们检视约沙法的故事以及犹大的人民时会浮起这些问

题：胜利何时会生效？答案是：当他们开始唱歌赞美一那就是主处理敌人的时候。

向无名英雄致意

这是他们祷告与赞美的最终结果：

犹大人来到旷野的望楼，向那大军观看，见尸横遍地，没有一个逃脱的。（历代志下二十：24）

我相信这是非常特别的，敌人跑到旷野的望楼这么远的地方。我想给你一个关于这事的属灵想法："望楼"是某个神的儿女在这里用祷告与灵里警醒保持守望。我相信在今日世界的每个国家都有许多这样不知名的圣民，他们就像哈巴谷先知一样在望楼站立守望，他们也是如此做，如同哈巴谷说的："我要站在守望所，立在望楼上观看……"（哈巴谷书二：1）那就是仇敌被阻止的地方，然而这些圣民坚持下去，神百姓的身体群聚起来赢得胜利。

我不知道如何向这些珍贵圣洁的神圣民致敬才够，他们有些在逐渐衰残和腐败的教会里，但仍在祷告中日夜紧紧抓住神。我相信在每个国家、每块土地都有这样的人，当赢得胜利时，我们会发现敌人在望楼就被阻止了。

喔！亲爱的朋友、忠实的神的圣民，如果你是在望楼上就请在那里再待久一点，帮手已经在路上了，不要放弃，虽然只有在复活时你才会得到你的勋章——但那会是极为美妙的奖赏。

在这地上的人们也许不会意识到或感激你现在的牺牲与作为，许多许多的人因你的祷告而得利却可能永远也不知道，直到在永生时。然而，请坚持并持续你的守望警醒。

> "望楼"是某个神的儿女在这里用祷告与灵里警醒保持守望。

几十年前在苏格兰西岸的群岛——赫布里底群岛（Hebrides）曾有很大的复兴，我们的女儿伊丽莎白拜访大复兴发生的那些地方，神的大能特别运行的一个区域称为刘易斯（Lewis），在那附近的每家酒馆、舞厅都关门了，因为所有以前去这些地方的人都去参加祷告会了（如果每个人都去祷告会，那酒馆还开着干嘛？）

这大复兴是在1949年开始并持续好几年，这是一个历史的事实，我曾亲自听到神使用在这大复兴的牧师杜肯?康贝尔（Duncan Campbell）描述这事。

但你知道是什么激起这复兴吗？是两位年纪超过八十岁老太太的祷告，她们说：主啊！你是守约的神，我们紧紧抓住你的约。她们并没有等每个人都信主了，所以你看两位信徒就改变这情况："有两三个人奉我的名聚会……"（马太福音十八：20）神从不使用大多数人来做任何令人惊奇的事——他总是使用少数人。

改变我们的世界

胜利是要给神的百姓，这是我们的命定，没有别的。不只如此，这也是我们的力量，是透过神赐给我们的属灵方法与武器——祷告、禁食、见证、赞美，还有其它武器也可供我们支取。但相信我，我们甚至只要使用在本书中所摘录出来的就可充分赢得胜利。

我要挑战并鼓励你去做些有关神计划要给你以及你国家的胜利。不要等待整个教会都相信，如果你是这么相信，找一位也是这么相信的人就开始——就你们两位：你以及一位或两位同心合意即可改变世界。

如果这是你的渴望：要成为改变你国家与你身边世界的关键，我邀请你借着下列祷告表达你的渴望：

主啊！我相信借着检视这本书的每一件事，你已给我这武器，我与在基督里的弟兄姐妹共同合作，有果效的改变我的国家与世界。

我现在献上自己为你所使用一加入其它同样想法的人，好好使用这些属灵武器，靠着你的恩典，借着你的帮助，使用所有你放在我手中的武器，我会对抗黑暗势力并会得到胜利。

我先感谢你，主啊！为你所带来的奇妙胜利，我向你献上感谢赞美，我奉我们在各各他已经得胜的主耶稣基督，救赎者的名，我们在这特别的日子为所有这些事情坚持下去祷告，阿们！

关于作者

叶光明牧师（公元一九一五年～二〇〇三年）出生于印度，父母都是英国人。他曾进入英国伊顿公学（剑桥大学国王学院之预备学校）及剑桥大学接受学术训练，钻研希腊文与拉丁文，并曾获颁国王学院"古代与近代哲学"奖学金。他也修习过几种现代语言，包括曾在剑桥大学及耶路撒冷的希伯来大学修习希伯来文与亚兰文。求学期间，他已经是一位哲学家，也自称为不可知论者。

他于二次世界大战在英国陆军医疗团服役期间，开始以哲学角度研读圣经。他因着与耶稣基督大能的相遇经历而决志信主，几天后便领受了圣灵的洗。透过这次的相遇他得着两个结论：第一、耶稣基督仍然活着。第二、圣经是一本真实新颖、切合人生现况的书。这些结论彻底扭转他人生的走向，于是随后奉献一生钻研教导圣经，传扬神的话。

　　叶光明牧师于一九四五年在耶路撒冷从军队退伍后，与莉迪亚克里斯登森（Lydia Christensen）女士结婚，莉迪亚是当地一间孤儿院的创办人。婚后他摇身一变，成为莉迪亚所领养的八个女儿的父亲，其中有六个犹太孩童、一个阿拉伯裔巴勒斯坦孩童、一个英国孩童。他们整个家庭一起见证了一九四八年以色列国的重生。在一九五〇年末期，他们又领养了另一个女儿，当时叶光明牧师在非洲肯尼亚担任教师训练学院的校长。

　　叶光明牧师一家于一九六三年移民至美国，并且在西雅图牧养教会。他又于一九七三年成为"为美国代祷"（Intercessors for America）运动的创办人之一。他的著作《借着禁食祷告改写历史》（Shaping History through Prayer and Fasting）（直译）已经摇撼了世界各地的基督徒，劝告他们必须承担责任为政府祷告。许多人认为这本书的地下译本是使得前苏联、东德与捷克斯洛伐克政权垮台的重要著作。

　　叶光明牧师的第一任师母莉迪亚死于一九七五年，叶光明牧师于一九七八年娶了第二任师母路得贝克（Ruth Baker）（她领养三个小孩，是个单亲妈妈）。正如第一任师母一样，叶光明牧师是于路得师母在耶路撒冷服事神的期间与她相识。路得师母于一九九八年十二月在耶路撒冷去世，他们自从一九八一年起就长居此处。

在叶光明牧师于二○○三年以八十八岁高龄去世之前，他一直忠心地站在神呼召他所站的事奉岗位上，旅行世界各地，分解神启示的真理，为病人与受苦者祷告，按照圣经来分享他的先知性领受。身为国际知名的圣经学者与属灵长者，叶光明牧师建立了横跨六大洲的教导事工，服事这世代超过六十年之久。他的著作已超过五十本、圣经教导的录音带超过六百卷、录像带超过一百支，其中有许多都已译成超过一百种语言并且出版。他在一些突破性主题上的教导可谓先驱人物，例如：世代的咒诅、以色列在圣经中的重要性以及魔鬼学。

叶光明牧师自一九七九年开始播送的广播节目，已被翻译成超过十数种语言，并且持续改变众人生命。富有教导恩赐的叶光明牧师以清楚简明的方式解经及教导，帮助了数以百万计的人建立信仰根基。他不分宗派、不分教派的解经方式使其教导对于来自所有种族与宗教背景的人都同样地适用。据估计他的教导已为全球超过一半的人所喜爱。

叶光明牧师曾于二○○二年说过："我的渴望是这个事工能将神在超过六十年前透过我开始的工作持续下去，直到耶稣再临，而我相信这也是神的渴望。"

叶光明牧师国际事工将继续坚持向超过一百四十个国家的基督徒分享叶光明牧师的教导，完成神所颁布要持续传福音、教导"直到耶稣再临"的命令。这将透过全世界各地超过三十处叶光明事奉团的工作来实现，包括在澳洲、加拿大、中国、法国、德国、荷兰、新西兰、挪威、俄罗斯、南非、瑞士、英国以及美国的主要工作。欲查询最新信息，请上网浏览 www.ygm.services

中国大陆免费下载叶光明书籍和广播资源网站

w w w . y g m . s e r v i c e s

中文叶光明书籍和广播资源可以通过搜索
"Ye Guang Ming"或"YGM"或"叶光明"
下载应用程序到手机或平板电脑阅读和收听。

中国大陆索取叶光明书籍和讲道资源，
可以联系 feedback@fastmail.cn

如何在智能手机上安装应用程序(App)

可复制网址到智能手机的浏览器，或使用二维码安装
适用于您智能手机的应用程序（App）

iPhone/iPad 手机下载网址：

https://itunes.apple.com/sg/app/
ye-guang-ming-ye-guang-ming/
id1028210558?mt=8

若干安卓手机下载地址如下，供您选择：

https://play.google.com/store/
apps/details?id=com.subsplash.
thechurchapp.s_3HRM7X&hl

叶光明事工微信公众平台：

如果您对叶光明事工的资料有任何反馈或愿意作出奉献支持事工，请 email 联络我们：

电子邮件 feedback@fastmail.cn

DPM45-B116